JN238003

たった40パターンで英会話！

Nic Williamson
ニック・ウイリアムソン

ダイヤモンド社

まえがき

「ラクして短期間で英語がペラペラになりたーい！」と思っているあなた、よくぞ本書を手にとってくださいました。あなたがもし「中学英語の単語」を知っていて、本書で紹介する40のパターンを覚えれば、必ず「短期間で英語がペラペラ」になります。信じられないような話ですが、冗談ではありません。ダマされたと思って、まずは本書を楽しみながら読むことから始めてみてください。

私の友人はみんな①単語を山のように暗記し、②多くの英語本を購入し、③英語関連の試験を何度も受験し、「ネイティブのように話したい！」と言いながら、涙ぐましい努力を続けています。そんな友人たちが、決まって「ネイティブと話していると、言いたいことがなかなか出てこなくて……」と言うのです。

彼らへの私の答えはシンプル。

「それは英語の基本ができていないからだよ」

ならば、どうすれば英語の基本ができるのか？　それは簡単。

「基本パターン40を覚えて、あとはそれを使いまわす」

これだけです。パターンが頭に入っていれば、連鎖的にいろいろな表現が「あふれるように」口から出てきます。「言いたいことが出てこない」病があっという間に治ることでしょう。

この本には、アメリカやイギリスの200本以上の映画の台本を分析して、一番よく出てくるフレーズや決まり文句を集めました。ここでご紹介するフレーズを覚えてそのまま使えば、あなたも「超ネイティブ英語」で日常会話ができるようになります。

2005年9月

ニック・ウィリアムソン

まえがき…3

基本の文法を復習しておこう!
現在形と進行形 ●「いつもの習慣」と「今していること」…10
未来形 ●「will」と「be going to」、進行形の使い分け … 17

Part 1 たった40パターンで英会話!

「be going to」を使い回そう

スーパー言い回し1 ● **I'm gonna ～**「～するよ」…26
　　応用　主語を変えてみよう
スーパー言い回し2 ● **I'm not gonna ～**「～しないよ」…29
　　応用　主語を変えてみよう
スーパー言い回し3 ● **Are you gonna ～?**「～するの?」…32
　　応用　what/where/who/whenなどをつけてみよう
スーパー言い回し4 ● **Aren'you gonna ～?**
　　　　　　　　「～しないの?」…35
スーパー言い回し5 ● **I was gonna ～**
　　　　　　　　「～するつもりだった」…37
スーパー言い回し6 ● **I wasn't gonna ～**

スーパー言い回し7 ● **I didn't mean to 〜**
「〜するつもりじゃなかった(けどした)」…39
「〜するつもりはなかった(けど間違えてした)」…41

「want」を使い回そう

スーパー言い回し8 ● **I wanna 〜**「〜したい」…44
スーパー言い回し9 ● **I don't wanna 〜**「〜したくない」…46
スーパー言い回し10 ● **Do you wanna 〜?**「〜しない?」…48
　　　応用　who/ what/whereなどをつけてみよう
スーパー言い回し11 ● **Do you want me to 〜?**
「〜してあげようか?」…52
　　　応用　what/who/whereなどをつけてみよう

「should」を使い回そう

スーパー言い回し12 ● **You should 〜**「〜した方がいい」…56
スーパー言い回し13 ● **You shouldn't 〜**
「〜しない方がいい」…58
スーパー言い回し14 ● **I should've 〜**
「〜すればよかった」…60
スーパー言い回し15 ● **I shouldn't have 〜**
「〜しなきゃよかった」…62

動詞の原形をつければOKの言い回し

スーパー言い回し16 ● **Can I 〜? Could I 〜?**
「〜してもいい?」…66

スーパー言い回し17 ● **Can you 〜? Could you〜?**
「〜してくれる?」…68

スーパー言い回し18 ● **I have to 〜**
「〜しなければいけない」…70

スーパー言い回し19 ● **Why don't you 〜?** 「〜すれば?」…72
- 応用1　主語をweに変えてみよう
- 応用2　主語をIに変えてみよう

スーパー言い回し20 ● **I just can't seem to 〜**
「〜がなかなかできない」…76

動詞の「ing」を使う言い回し

スーパー言い回し21 ● **I can't imagine 〜 ing**
「〜するなんて想像できない」…80
- 応用1　「(人)が〜するなんて想像できない」と言ってみよう
- 応用2　「〜じゃないなんて想像できないよ」と言ってみよう

スーパー言い回し22 ● **What's it like 〜 ing?**
「〜するのってどんな感じ?」…84
- 応用1　「〜しないのはどんな感じ?」と言ってみよう
- 応用2　「〜ってどんな感じだろう?」と言ってみよう

スーパー言い回し23 ● **I miss 〜 ing**「〜が懐かしい」…88
　　応用1　「(人が)〜していた頃が懐かしいなぁ」と言ってみよう
　　応用2　「〜しなかった頃が懐かしい」と言ってみよう

スーパー言い回し24 ● **I have been 〜 ing**
　　　　　　「最近よく〜している」…92

スーパー言い回し25 ● **I haven't been 〜 ing**
　　　　　　「最近〜していない」…94

スーパー言い回し26 ● **Have you been 〜 ing?**
　　　　　　「最近〜してる?」…96
　　応用　what/where/who...をつけて使ってみよう

スーパー言い回し27 ● **I have trouble 〜 ing**
　　　　　　「〜するのが大変だ」…99
　　応用1　「〜するのが大変だった」と言ってみよう
　　応用2　「なかなか〜できない」と言ってみよう

スーパー言い回し28 ● **Thanks for 〜 ing**
　　　　　　「〜してくれてありがとう」…103

文章をそのまま使う言い回し

スーパー言い回し29 ● **I'm glad + 文**「〜でよかった」…106
スーパー言い回し30 ● **It's too bad + 文**「〜で残念」…108
スーパー言い回し31 ● **I can't believe + 文**
　　　　　　「〜なんて信じられない」…110
スーパー言い回し32 ● **I'm surprised + 文**

「〜とは意外だね」…112

スーパー言い回し33 ● **I'm sorry + 文**
「〜してごめんね」「〜して後悔した」「〜で残念」…114

スーパー言い回し34 ● **I'm angry + 文**
「〜だから怒っている」…116

スーパー言い回し35 ● **No wonder + 文**
「〜するのは無理もない」…118

スーパー言い回し36 ● **I'm worried + 文**「〜が心配だ」
I'm scared + 文「〜が怖い」…120

文章を使う言い回し②

スーパー言い回し37 ● **I hope + 文** 「〜だといいね」…124
スーパー言い回し38 ● **What if + 文**
「〜だったらどうする?」「〜だったらどうしよう」…126
スーパー言い回し39 ● **Make sure + 文**「絶対〜してね」…128
　　　応用1　you以外の主語をつけてみよう
　　　応用2　「必ず〜します」と言ってみよう
スーパー言い回し40 ● **I bet + 文**「絶対〜だ」(予想)…132

Part 2

Part1のパターンにあてはめて使おう！

シチュエーション別スーパー便利フレーズ

恋愛で使えるフレーズ …136

仕事で使えるフレーズ …146

遊びで使えるフレーズ …156

家の中で使えるフレーズ …164

病気のときに使えるフレーズ …175

その他の場面で使えるフレーズ …180

go 〜ingのフレーズ …193

基本の文法を復習しておこう！

現在形と進行形
「いつもの習慣」と「今していること」

現在形は「今現在のこと」だと思っていませんか？　実は違います。文法の基本中の基本である「現在形」は、ほとんどの人に誤解されているのです。「日本語が『～している』の時は英語も進行形」というのはよくある誤解です。英語は日本語に合わせるのではなく、英語の感覚に合わせて使いましょう。

☆ 現在形は、いつもの習慣、一般的なことを表します

現在形では、今その動作をしているかどうかは関係ありません。使い方は以下の通りです。

I go.
I don't go.
Do you go?
Where do you go?

☆ 進行形は、実際に「今」していること、一時的なことを表します

進行形は、実際に「今」していること、一時的な動作を表します。使い方は以下の通りです。

> **I'm read**ing.
> **I'm not read**ing.
> **Are you read**ing?
> What **are you** read**ing**?

例文1

I wear glasses.（私はメガネを使います）

これは現在形ですが、今めがねをかけていても、かけていなくてもこの文章は使えます。このように、現在形は「今」しているかどうかは関係がありません。

I'm wearing glasses.（私は今、メガネをかけています）

この文章は進行形なので、「今メガネをかけています」という意味です。いつもメガネをかけているかもしれないし、今だけかけているかもしれません。進行形は「いつも」のことは関係なく、「今この瞬間」のことしか表しません。

例文2

I work at Sony.（私はソニーで働いています）

これは「いつもの習慣」を表しています。「私はソニーで働いて

います」という意味です。日本語が「働い ています」でも、英語は現在形を使います。

I'm working at Sony. (私は今、ソニーで働いています)

　これは進行形なので、「一時的にソニーで働いているだけです」という意味に聞こえ、言われた人は「もうちょっとで辞めるのかな」と思ってしまいます。ビジネスの場面でこの表現を使うと、あまり印象がよくないですね。

☆ 否定文の場合も同じ使い分け方をします

例文3

I don't wear make-up. (私は化粧をしません)

「私は化粧をしません」という意味で、いつものことを表しています。現在形なので「一般的にはしない」という意味です。話している瞬間は厚化粧をしていたとしても使えます。

I'm not wearing make-up. (今、私はすっぴんです)

「今、私はすっぴんです」という文章です。進行形なので「今化粧してない」という意味で、いつもしているかどうかは分かりません。

例文4

The elevator doesn't work. (このエレベーターは動かない)

「このエレベーターは作動しない」という意味です。今日だけではなく、普段から動いてないものです。

The elevator isn't working. (今、このエレベーターは動いていない)

「エレベーターは一時的に故障している」という意味です。

☆ 疑問文の場合も同じ使い分け方をします

例文5

Do you cook? (普段料理はしますか？)

　現在形なので「今料理しているの？」という意味ではなく、「普段料理はしますか？」という文章です。「～する習慣はありますか？」と聞きたいときはやはり現在形を使います。

Are you cooking? (今料理しているところ？)

　進行形なので「今料理しているところ？」という意味です。「今～しているの？」と聞きたいときには進行形を使います。

例文6

What do you do? (どんな仕事をしていますか？)

「何をしていますか？」という意味で、「今何しているか」ではなく「いつも何しているか」を聞いています。仕事などを聞く時は必ずこの言い方を使います。

What are you doing? (今、何をしているの？)

「今、何してるの？」という意味です。ちなみに「今していること」を表す進行形なので「now」をつける必要はありません。

☆ 現在形のほかの例文を見てみよう

「毎週土曜日はテニスをします」は
I play tennis on Saturday.

「いつも7時に起きる」は
I get up at 7.

「毎年スキーに行くんだ」は
I go skiing every year.

「水曜日は仕事が早く終わる」は
I get off work early on Wednesdays.

「週3回位ご飯を作っている」は
I cook 3 times a week.

「私はタバコを吸わない」は
I don't smoke.

「私はテレビをあんまり見ない」は
I don't watch TV much.

「お酒を飲む？」は
Do you drink?

「いつもどこで遊んでいるの？」は
Where do you hang out?

「いつも何時に仕事が終わるの？」は
What time do you get off work?

☆ 進行形のほかの例文を見てみよう

「今テレビを見ている」は
I'm watching TV.

「今ご飯を食べているところ」は
I'm having dinner.

「今マフラーをしている」は
I'm wearing a scarf.

「今仕事を探しています」は
I'm looking for a job.

「一時的に実家に帰ってる」は
I'm living with my parents.

「(一時的に)働いてない」は
I'm not working.

「今日は飲んでない」は
I'm not drinking tonight.

「今どこで遊んでいるの？」は
Where are you hanging out?

「今コンタクトしているの？」は
Are you wearing contacts?

「誰と食事しているの？」は
Who are you having dinner with?

☆ 注意！　例外もあります

「今のこと」を表しているのに、現在形を使う動詞もあります。代表的なものに「have」と「be」があります。

　例えば「頭痛がする」は「I have a headache.」と言います。
　いつもではなく「今頭痛がする」という意味なのに「I'm having a headache.」とは言いません。また、「疲れている」は「I'm tired.」と言います。「今は疲れている」という意味なのに、進行形の「I'm being tired.」は使いません。

　他にもありますが、特にこの2つの動詞を例外として覚えておきましょう。

基本の文法を復習しておこう！

未来形
「will」と「be going to」、進行形の使い分け

英語は未来の言い方が3つあります。「will」と「be going to」、そして進行形です。この言い方はそれぞれニュアンスと使い方が違います。

例えば
I'll play tennis tomorrow.（will）
I'm going to play tennis tomorrow.（be going to）
I'm playing tennis tomorrow.（進行形）

「will」と進行形は両方、特別なニュアンスがあって、いつでも使えるわけではありません。「be going to」は元々「〜するつもり」という意味ですが、大体いつでも使えるので、一番無難です。「will」と進行形の違いをしっかりマスターしておきましょう。

☆ Willと進行形の違いは
「今決めた」かと「前から決まっていた」か

Willは「今決めた」というニュアンスで、日本語で言えば「じゃ、〜するよ」というような感じです。話の流れでその場で決めたと

きに使います。決まってないときも「will」を使います。
　進行形は「前から決まっている」ことを表します。日本語で言えば「〜するんだ」といった言い方です。何かをする約束があって、その予定を人に伝えるときに使います。特に先約があって断るときには進行形を使いましょう。

　例えば、「来年30歳になります」は「I'm turning 30 next year.」といいます。いつ30歳になるのかは生まれたときから決まっています。ここで「I'll turn 30 next year.」と言うと「じゃ、来年30歳になろうかな」とその場で決めた感じがしてしまうので、少し変な気がしてしまいますね。

「じゃ、後で電話するね」は「I'll call you later.」と言います。話の流れでその場で決めたことなので「will」を使っています。「I'm calling you later.」と言ったら「後で君に電話することにしてるんだ」という、ちょっと怖いニュアンスになります。

　例えば、映画に誘われたとき、先約があって断るなら進行形を使います。「will」を使うと失礼な感じになってしまいます。

A 「映画見に行かない？」
Do you wanna see a movie?

○ B 「明日はテニスをすることになってるの」
I'm playing tennis tomorrow.

× B 「じゃ、明日はテニスをするわ」
I'll play tennis tomorrow.

☆ ほかの例文も見てみよう

「じゃ、こうしよう」は

I'll tell you what.

　これは決まり文句ですが、その場で決めたことなので「will」を使います。

「来月結婚します」は

I'm getting married next month.

「will」を使ってしまうと「じゃ、来月結婚します」という意味になり、「急にどうしたの？」と驚かれますよ。

「誰にも言わないから」は

I won't tell anyone.

　友達の秘密を教えて欲しいときなどに使います。その場で決めたことなので「will」ですね。

「来週給料日なんだ」は

I'm getting paid next week.

　給料日こそ決まっているので、進行形を使います。「get paid」は「給料をもらう」という決まった言い方です。

「じゃ私が皿を洗う」は

I'll do the dishes.

「ご飯作ってあげる」と言われて「じゃ、私が皿を洗うね」というようなときに使います。その場で決めたので「will」。

「明日は仕事ないよ」は

I'm not working tomorrow.

☆ 予定が決まってないときも「will」を使います

「maybe（かもしれない）」や「probably（多分）」などの単語と一緒に使うのは「will」です。そして予想なども「will」を使います。つまり「will」を使うのは「今決めたこと」そして「決まってないこと」です。

例えば

「多分行く」は
I'll probably go.

「雨が降るかもしれない」は
Maybe it'll rain.

「彼女は怒りそう」は
She'll get angry.

「あいつは来ないと思うよ」は
He won't come.

☆ Will beは例外です！

基本的にはbe動詞を進行形にしないのでbe動詞の場合はいつでも「will」でOKです。

例えば
「今日は帰りが遅くなる」は
I'll be home late tonight.

「(誘われたりして) 行きます」は
I'll be there.

「(あなたは) がっかりしないよ」は
You won't be disappointed.

「この間みたいにはならないよ」は
It won't be like last time.

Part 1

たった40パターンで英会話！

be going to
を使い回そう

「will」は「今、やろうと決めたこと」や、「まだ決まってない未来のこと」を表します。また、進行形は「前から決まっている未来のこと」を表します。この2つは、必ず使い分けましょう。
「be going to」の元々の意味は「〜するつもり」です。でも、「be going to」はたいていの場面で使えるので、「will」と進行形を使い分けるのが難しい人は、「be going to」を使えば大丈夫です。

「be going to」は"gonna"と発音してみましょう。ネイティブは「be going to」と発音せずに「be gonna」と言います。この省略した発音は、若い人だけでなく、中年の人も、お年よりも、そしてアメリカ人でもイギリス人でも、みんな使います。この発音に慣れないとヒアリングもできませんし、ヒアリングができないと会話も始まりません。
"gonna"と発音してみれば、ヒアリングにも慣れることができるし、発音もネイティブに近づいて一石二鳥です。
ただし、文章を書くときには「be going to」と書きましょう。「be gonna」と書いてしまうと子供っぽい感じがしてしまいますよ。

スーパー言い回し 01

I'm gonna ~

「〜するよ」

今決めたことでも、前から決まっていることでも、未来のことを言いたいときにはいつでもこの言い回しが使えます。使い方は、「I'm gonna」の後に動詞の原型をつけるだけ！

I'm gonna

+ **go home.**
「もう帰るよ」

+ **order a pizza.**
「ピザをとる」

+ **go to the 7-11.**
「7-11に行ってくる」

+ **have a party.**
「パーティーを開く」

シチュエーション別に使えるフレーズ

🏠 家の中

「もう寝るよ」は
I'm gonna go to bed.
「寝る」は「go to bed」と言います。ここで「sleep」は使いません。

「今日は家にいる」は
I'm gonna stay home today.
「stay home」は「どこにも出かけないで、ずっと家にいる」という意味です。

♥ 恋愛

「彼に告白するんだ」は
I'm gonna ask him out.
「ask 人 out」は「好きな人に告白する」とか「デートに誘う」という意味です。

「彼を親に紹介するんだ」は
I'm gonna introduce him to my parents.

😆 遊び

「明日映画を見に行くんだ」は
I'm gonna see a movie tomorrow.
「映画を見る」は「see a movie」と言います。

「今日飲みに行く」は
I'm gonna go drinking tonight.
「go drinking」は「飲みに行く」という決まり文句です。

応用 主語を変えてみよう

「I'm」を「He's」「She's」「You're」「It's」などに変えると、言い回しのバリエーションが増えます。「〜するよ」とか「〜しそうだ」という意味で使いましょう。

例:「彼は後で来るよ」は He's gonna come later.

👫 一般

「彼女は怒るよ」は
She's gonna get angry.

「angry」は「怒っている」という形容詞。「怒る」という動詞は「get angry」です。

「明日雨が降りそう」は
It's gonna rain tomorrow.

「rain」は「雨が降る」という動詞なので、「be gonna」の後につけるだけです。

❤ 恋愛

「彼が誕生日にデートに連れて行ってくれるんだ」は
He's gonna take me out for my birthday.

「私たち、今度同棲することになったの」は
We're gonna move in together.

「move in together」は「同棲を始める」という決まり文句です。

💻 仕事

「彼は転勤になるんだって」は
He's gonna get transferred.

「転勤になる」は「get transferred」と言います。

「20人がリストラされるんだって」は
20 people are gonna get laid off.

「リストラされる」は「get laid off」と言います。「restructure」とは言いません。

スーパー言い回し 02

I'm not gonna ~

「～しないよ」

　未来のことで「～しない」と言いたい時は「I'm not gonna」を使います。今決めたことでも、前から決まっていることでも同じ言い方でOK。使い方は、「I'm not gonna」の後ろに動詞の原型をつけるだけです。

I'm not gonna +

- **go.**
「私は行かない」

- **go drinking tonight.**
「今日は飲みに行かない」

- **buy anything.**
「何も買わない」

- **take my girlfriend.**
「彼女を連れていかない」

Part1・たった40パターンで英会話!

シチュエーション別に使えるフレーズ

👫 一般

「教えてあげない」は
I'm not gonna tell you.

「今日はお昼を食べない」は
I'm not gonna have lunch today.

🎆 遊び

「今日は遊びに行かない」は
I'm not gonna go out tonight.

「今年はスキーに行かない」は
I'm not gonna go skiing this year.

♥ 恋愛

「私は結婚しない」は
I'm not gonna get married.

「もう2度と浮気しない」は
I'm not gonna cheat again.

「浮気する」は「cheat」と言います。

応用 主語を変えてみよう

この言い回しも、「I'm」を「He's」「She's」「You're」「It's」などに変えると、いろんな場面で使えます。

例：「彼女は来なそう」は She's not gonna come.

👫 一般

「彼は間に合わないでしょう」は
He's not gonna make it.

「間に合う」は「make it on time」と言います。「on time」を省略することも多いです。

「それはないよ」は
That's not gonna happen.

よく使う決まり文句です。「〜だったらどうしよう！」と心配している人に「それは絶対にないから」と言うときに使います。

💻 仕事

「締め切りに間に合わなそうだね」は
We're not gonna make the deadline.

「締め切り」は「deadline」。「締め切りに間に合う」は「make the deadline」です。

「上司は多分賛成してくれないよ」は
My boss isn't gonna say yes.

「say yes」は「OKを出す」とか「賛成する」という意味で使います。読めば意味が分かると思いますが、これをいつでも自分で使えるようにしておくことが大事。「approve」などの堅い単語より自然です。

🏃 遊び

「彼は来ないって」は
He's not gonna come.

「私達は今日カラオケに行かない」は
We're not gonna go to karaoke tonight.

スーパー言い回し
03

Are you gonna~?

「〜するの？」

　未来についての質問は、大体この「Are you gonna〜?」で全部言えます。「Are you」が一番よく使われますが、「Is he」「Is she」「Is it」「Are they」「Are we」「Am I」などに変えれば、いろいろと応用できます。

Are you gonna

+ go?
「行くの？」

+ tell anyone?
「誰かに言うの？」

+ bring anyone?
「誰か連れてくるの？」

+ complain?
「クレームするの？」

シチュエーション別に使えるフレーズ

👬 一般

「彼に言うの？」は
Are you gonna tell him?

「彼、怒るのかな？」は
Is he gonna get angry?

❤️ 恋愛

「その子とまたデートするの？」は
Are you gonna see her again?

「(子供を) 産むの？」は
Are you gonna have the baby?

💻 仕事

「明日、仕事？」は
Are you gonna work tomorrow?

「俺、クビになるのかな？」は
Am I gonna get fired?

応用 what/where/who/whenなどをつけてみよう

疑問文はやはり「what」「where」「who」「what time」「how」などを頭につけることが多いです。「are you gonna」の前につけるだけなので、簡単に応用できます。これをマスターすれば、「未来の質問」はあなたのもの！

例:「明日何してるの?」はWhat are you gonna do tomorrow?

一般

「どこ行くの?」は
Where are you gonna go?

「どうやって行くの?」は
How are you gonna get there?
「どうやって行く」は「how」と「get」をセットで使います。「how」と「go」を使って「How are you gonna go…?」と言うと「うまくいく」という別の意味になるので、気をつけましょう。

家の中

「今日何時に帰ってくるの?」は
What time are you gonna come home tonight?
「帰ってくる」は「come home」と言います。

「今日の夕飯は何を作るの?」は
What are you gonna cook tonight?

遊び

「誰を誘うの?」は
Who are you gonna invite?

「みんな何時に来るの?」は
What time are they gonna come?

スーパー言い回し 04

Aren't you gonna~?

「～しないの？」

この言い方はちょっとビックリしているときに使う表現です。「えっ？～しないの？」という感じです。この言い回しも「Aren't you」の代わりに「Isn't he」「Isn't she」「Aren't we」「Aren't they」などに置き換えれば、応用範囲が広がります。

Aren't you gonna

+ **wash your hands?**
「えっ？ 手を洗わないの？」

+ **introduce us?**
「紹介してくれないの？」

+ **eat anything?**
「何も食べないの？」

+ **invite Dave?**
「Daveを誘わないの？」

シチュエーション別に使えるフレーズ

🚶 一般

「謝らないの？」は
Aren't you gonna say sorry?

「謝る」は「say sorry」でも「apologize」でもいいです。

「お礼を言わないの？」は
Aren't you gonna say thank you?

「お礼を言う」は「say thank you」と言います。

🏠 家の中

「着替えないの？」は
Aren't you gonna get dressed?

「着替える」は2つあります。何も着てない人やパジャマ姿の人なら「get dressed」、普通の服から別の服に着替えるなら「get changed」と言います。

「寝ないの？」は
Aren't you gonna go to bed?

「寝る」は「go to bed」と言います。「sleep」は「眠る」という意味で、ここでは使えません。

💻 仕事

「就職しないの？」は
Aren't you gonna get a job?

「就職する」は「get a job」と言います。

「(そんなことをして)彼はクビにならないの？」は
Isn't he gonna get fired?

スーパー言い回し 05

I was gonna~

「〜するつもりだった」

「I was gonna」は「I'm gonna」の過去形です。「be going to」を過去形にすると、「〜するつもりだった」という意味になります。「するつもりだったけど、しなかった」ときに使います。意識的に予定を変えた場合にも、間違えたり、忘れたりした場合にも使えます。

Part1・たった40パターンで英会話！

I was gonna +

- **tell you.**
  (but I forgot)

  「言うつもりだった(けど忘れた)」

- **play tennis.**
  (but it rained)

  「テニスするつもりだった(けど雨が降った)」

- **buy a bag.**
  (but it was sold out)

  「バッグを買うつもりだった(けど売り切れだった)」

- **cook.**
  (but I was too tired)

  「ご飯作るつもりだった(けど疲れすぎた)」

シチュエーション別に使えるフレーズ

👫 一般

「電話しようと思ってた（けど忘れた）」は
I was gonna call you (but I forgot).

「彼は来るはずだった（けど来なかった）」は
He was gonna come (but he forgot).

🏃 遊び

「海に行くはずだった（けど雨が降った）」は
I was gonna go to the beach (but it rained).
「海に行く」は「go to the beach」としか言いません。

「まっすぐ帰るつもりだった（けど飲みに行った）」は
I was gonna go straight home (but I went drinking).
「まっすぐ帰る」は「go straight home」です。

🏠 家の中

「洗濯しようと思った（けど雨が降った）」は
I was gonna do the laundry (but it rained).

「犬の散歩に行こうと思ってた（けど忘れた）」は
I was gonna walk the dog (but I forgot).
「犬の散歩に行く」は「walk the dog」と言います。

スーパー言い回し 06

I wasn't gonna~

「〜するつもりじゃなかった（けどした）」

「I wasn't gonna」は「〜するつもりではなかったけど、した」という意味です。気が変わって意識的に「することにした」という時に使います。「間違えてした」という時は、「スーパー言い回し7」（41ページ）の「I didn't mean to」を使いましょう。

I wasn't gonna + **tell him.**
「彼に言うつもりじゃなかった（けど言うことにした）」

+ **get so angry.**
「あんなに怒るつもりじゃなかったのに」

+ **buy anything.**
「何も買わないつもりだったのに」

+ **say anything but...**
「何も言わないでおこうと思ってたけど…」

シチュエーション別に使えるフレーズ

遊び

「今日飲むつもりじゃなかった（けど飲むことにした）」は
I wasn't gonna drink tonight.

「お金をこんなに使おうと思わなかった（けど使った）」は
I wasn't gonna spend so much money.

恋愛

「彼と付き合うつもりじゃなかったのに（付き合った）」は
I wasn't gonna go out with him.

「結婚しないつもりだった」は
I wasn't gonna get married.

家の中

「あんなに遅い時間に寝るつもりじゃなかった」は
I wasn't gonna go to bed so late.

「こんなに食べるつもりじゃなかった」は
I wasn't gonna eat so much.

スーパー言い回し 07

I didn't mean to~

「～するつもりはなかった(けど間違えてした)」

「～するつもりではなかったのに、間違えてしてしまった」という意味で、わざとではない場合に使います。必ず「I wasn't gonna」と使い分けましょう。

I didn't mean to +

- **ignore you.**
  「(ごめん、)無視するつもりじゃなかったんだよ」
  「I wasn't gonna ignore you.」と言うと「最初は無視するつもりはなかったけれど、(気持ちが変わって意識的に) 無視することにした」という意味になってしまいます。結局「わざと無視した」という意味になるので、気をつけましょう。

- **be rude.**
  「(ごめん、)失礼なことを言うつもりじゃなかった」

- **bother you.**
  「(ごめん、)邪魔するつもりじゃなかった」

- **shout.**
  「(ごめん、)怒鳴るするつもりはなかった」

Part1・たった40パターンで英会話!

シチュエーション別に使えるフレーズ

👫 一般

「壊すつもりはなかった」は
I didn't mean to break it.

「汚すつもりじゃなかった」は
I didn't mean to get it dirty.

「get dirty」は「汚れる」という意味。「get 〜 dirty」は「汚す」という意味になります。

❤ 恋愛

「君を傷つけるつもりはなかった」は
I didn't mean to hurt you.

「hurt 人」は「(人を) 傷つける」という意味です。肉体的な意味でも、精神的な意味でも、同じ言い方をします。

「嫉妬させるつもりで言ったんじゃない」は
I didn't mean to make you jealous.

「jealous」は「やきもちをやいている」という形容詞。「make」は「させる」という意味です。

💻 仕事

「わざとミスをしたんじゃない」は
I didn't mean to mess up.

「mess up」は「ヘマをする」「失敗する」という意味です。

「私のせいで君が怒られると思わなかった」は
I didn't mean to get you in trouble.

「get in trouble」は「怒られる」という決まり文句です。「get」の後に「人」を入れると、直訳は「怒られさせる」という変な日本語になりますが、「自分のせいで人が怒られる」という意味です。

want
を使い回そう

「want to」は「〜したい」という意味になります。この「want to」は早く言うため、「wanna」と聞こえます。ネイティブの英語を聞き取れるようになるには、こういう省略した発音を覚えましょう。文章を書くときには「want to」の方がいいですが、発音するときは「wanna」と言う方が自然に聞こえます。

「wanna」の後には動詞をそのままつけるだけなので、意外に簡単に応用できます。「ing」をつけたり、過去形にはしないことがポイントです。ここでご紹介する4つの言い回しは、毎日いろんな場面で使えるので、しっかりマスターしましょう!

スーパー言い回し
08

I wanna~

「〜したい」

「I wanna 〜」は「I want to 〜」の省略形です。ネイティブは普段「wanna」を使います。この発音に慣れてしまいましょう。ビジネスなどの堅い場面なら「I want to〜」とか「I'd like to〜」と言った方がいいかもしれません。「I wanna」の後には、動詞をそのままつけます。

I wanna

+ **go home.**
「家に帰りたいよ」

+ **talk to him.**
「彼と話したい」

+ **stay home.**
「家にいたい」

+ **go somewhere.**
「どっか行きたいなぁ」

シチュエーション別に使えるフレーズ

👫 一般

「旅行したいなぁ」は
I wanna go traveling.

「なんか食べたいな」は
I wanna eat something.

🤸 遊び

「海に行きたい」は
I wanna go to the beach.

「海に行く」は「sea」「ocean」などを使わないで、必ず「go to the beach」と言います。

「今日遊びに行きたいな」は
I wanna go out tonight.

「go out」は「出かける」「遊びに行く」という意味です。

💻 仕事

「その会社に就職したい」は
I wanna get a job there.

「就職する」は「get a job」という言い方。「その会社」は「there」で十分。

「営業部に移りたい」は
I wanna transfer to sales.

自分の希望で転勤したり移動したりする時は「transfer to」と言います。

Part1・たった40パターンで英会話！

スーパー言い回し 09

I don't wanna~

「～したくない」

「I wanna」の否定形で、「don't」を間に入れるだけです。「don't」の「t」はほとんど発音されません。フォーマルな場面以外では、この発音の方が自然です。

I don't wanna

+ **go to work today.**

「今日は仕事に行きたくないなぁ」
「仕事に行く」は、会社でも工場でもアルバイトでも、「go to work」です。

+ **talk about it.**

「今はその話をしたくない」

+ **go out tonight.**

「今日は出かけたくない」

+ **study.**

「今日は勉強したくないなぁ」

シチュエーション別に使えるフレーズ

🏃 遊び

「今日は飲みに行きたくない」は
I don't wanna go drinking tonight.

「あんまりお金を使いたくない」は
I don't wanna spend much money.
「お金を使う」は「spend money」と言います。「much」を否定文で使うと「あんまり〜ない」という意味になります。

💻 仕事

「札幌に飛ばされたくないよ」は
I don't wanna get transferred to Sapporo.
自分の意志じゃない転勤は「get transferred」になります。

「今日は残業したくないよ」は
I don't wanna work overtime today.
「残業する」は「work overtime」と言います。

♥ 恋愛

「彼と口を利きたくない」は
I don't wanna talk to him.

「別れたくない」は
I don't wanna break up.
「break up」は「恋人と別れる」という決まり文句です。

スーパー言い回し 10

Do you wanna~?

「〜しない？」

「Do you wanna 〜?」は、「〜したい？」とたずねる時も使いますが、「〜しない？」「〜しようか？」と誘う時にも使います。カジュアルな場面で人を誘うときにもっとも使われる英語です。
「Do you want to 〜?」と発音すると「しませんか？」「しましょうか？」という丁寧な言い方になります。

Do you wanna +

- **go shopping tomorrow?**
  「明日、買い物行かない？」
  「行きたい？」と聞いているのではなく、「行かない？」と誘う表現です。「買い物をしに行く」は「go shopping」です。

- **speak English?**
  「英語で話そうか？」

- **invite Emi?**
  「絵美を誘おうか？」

- **play soccer tomorrow?**
  「明日、サッカーしない？」

シチュエーション別に使えるフレーズ

遊び

「映画を見ようか？」は
Do you wanna see a movie?

「仕事終わったら一杯行かない？」は
Do you wanna get a drink after work?

「go drinking」は「飲みに行く」という意味ですが、「一杯飲む」は「get a drink」と言います。

「今年スキー行かない？」は
Do you wanna go skiing this year?

「ビデオでも借りない？」は
Do you wanna get a video or something?

「ビデオでも」の「でも」は「or something」で表せます。

「うち来る？」は
Do you wanna come over?

「come over」は「家に来る」という決まり文句。「to my house」と言わなくてもいいです。

「今日は外食しようか？」は
Do you wanna eat out tonight?

「eat out」は「外食する」という決まり文句。

「今週末キャンプに行こうか？」は
Do you wanna go camping this weekend?

「キャンプをしに行く」は「go camping」。

応用 who/what/whereなどをつけてみよう

「Do you wanna ～?」の前に「who」「what」「when」などをつけて応用することができます。こうすれば、もっといろんなことが言えます。

例:「何しようか?」はWhat do you wanna do?

「どこに行こうか?」は
Where do you wanna go?

「どこで飲もうか?」は
Where do you wanna go drinking?

「いつスキーに行こうか?」は
When do you wanna go skiing?

「誰を誘おうか?」は
Who do you wanna invite?

「(映画) 何を見ようか?」は
What movie do you wanna see?

「どこで待ち合わせしようか?」は
Where do you wanna meet?
「待ち合わせする」は「wait」ではなく「meet」。

「何時に待ち合わせしようか?」は
What time do you wanna meet?

「明日何時に起きようか？」は
What time do you wanna get up tomorrow?

「どうやって行こうか？」は
How do you wanna get there?

「どうやって行く」は「how」と「get」を使います。「how」と「go」で「how do you wanna go〜」にすると、「上手くいく」という意味になるので気をつけてください。

スーパー言い回し **11**

Do you want me to~?

「～してあげようか？」

「～してほしい？」とか「私が～してあげようか？」という意味です。「want me to」と書いて「ウォミダ」と発音します。このまま覚えてしまいましょう。「Shall I ～?」(私が～しましょうか?)という表現もありますが、カジュアルな場面ではこの表現がよく使われます。

Do you want me to + **help you?**
「手伝ってあげようか？」

+ **get you anything?**
「なんか買ってきてあげようか？」

+ **show you around Tokyo?**
「東京を案内してあげようか？」

+ **teach you Japanese?**
「日本語を教えてあげようか？」

シチュエーション別に使えるフレーズ

👫 一般

「秘密を教えてあげようか?」は
Do you want me to tell you a secret?

「迎えに行こうか?」は
Do you want me to pick you up?
「迎えに行く」は「pick 人 up」と言います。

🏠 家の中

「今日は俺が夕食作ろうか?」は
Do you want me to make dinner tonight?

「私が皿洗いしようか?」は
Do you want me to do the dishes?
「皿洗いをする」は「do the dishes」という決まり文句を使います。

🏃 遊び

「Daveも誘ってほしい?」は
Do you want me to invite Dave?

「席を取っておいてあげようか?」は
Do you want me to save you a seat?
先に入場する時などに使えます。

応用 what/who/whereなどをつけてみよう

「Do you want me to ～?」の前に「who」「what」「where」などをつけることもできます。こうすると、さらにいろんな言い方ができます。

例:「どこに連れていってほしいの?」は
Where do you want me to take you?

👫 一般

「何したらいい?」は
What do you want me to do?

「何時に迎えに行けばいい?」は
What time do you want me to pick you up?

🏠 家の中

「何作ってほしい?」は
What do you want me to make?

「これどこにおけばいい?」は
Where do you want me to put this?

🤸 遊び

「誰を誘えばいい?」は
Who do you want me to invite?

「何時に家に行けばいい?」は
What time do you want me to come over?

should
を使い回そう

「should」は「～すべきだ」という意味で習ったと思いますが、実はそんな堅い感じではありません。「～した方がいいよ」というニュアンスで、軽いアドバイスをする時にも使うし、もっとシリアスな会話でも使います。

「should」の後には動詞の原型をそのままつけるだけなので簡単です。「～しておけばよかったのに」と過去のことを表すときには「should've」の後に動詞の過去分詞を使いましょう。動詞の過去分詞というのは、例えば「do/did/done」の「done」や「go/went/gone」の「gone」など、受験英語で覚えたのではないかと思います。ここで受験英語が役に立ちますね。

スーパー言い回し 12

You should~

「～した方がいい」

「should」は「すべきだ」「～した方がいい」という意味です。「should」の後には動詞の原形をそのままつけます。友達にアドバイスする時などによく使います。

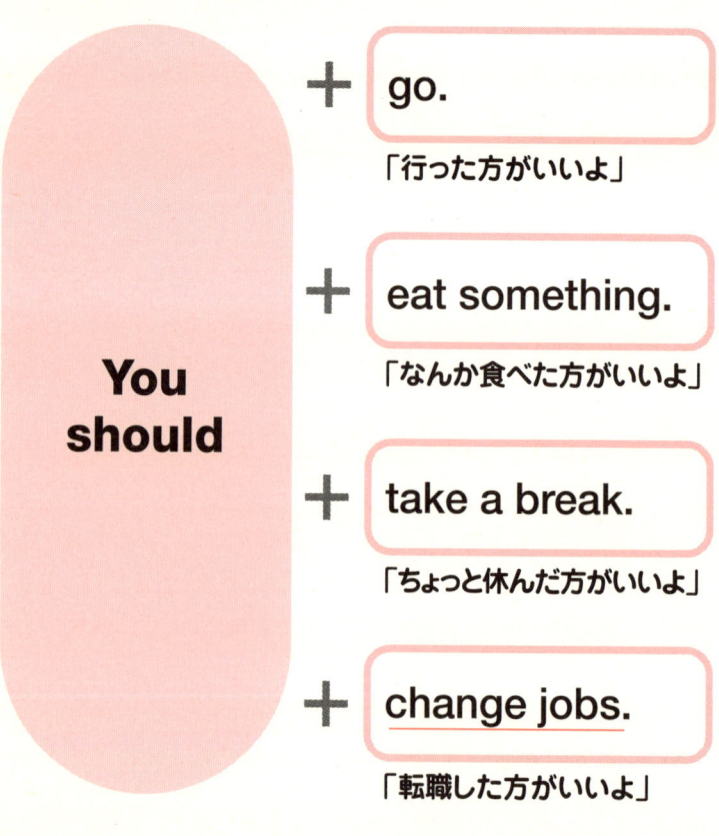

You should +

- **go.**
  「行った方がいいよ」

- **eat something.**
  「なんか食べた方がいいよ」

- **take a break.**
  「ちょっと休んだ方がいいよ」

- **change jobs.**
  「転職した方がいいよ」

シチュエーション別に使えるフレーズ

👫 一般

「もっと勉強した方がいいよ」は
You should study more.

「文句言った方がいいよ」は
You should complain.
「文句を言う」とか「クレームをする」は「complain」という意味の動詞。「claim」は使わないので気をつけましょう。

♥ 恋愛

「断った方がいいよ」は
You should say no.

「彼と別れた方がいいよ」は
You should dump him.
「dump」は「恋人を振る」という意味。

🏥 病院など

「病院行った方がいいよ」は
You should see a doctor.
「see a doctor」は「医者にみてもらう」とか「病院に行く」という意味。「go to hospital」は「入院する」という意味になってしまうので気をつけましょう。

「手術した方がいいよ」は
You should have an operation.
「have an operation」は「手術を受ける」という決まり文句。

スーパー言い回し 13

You shouldn't ~

「～しない方がいい」

「shouldn't」は「should」の否定で「しない方がいい」という意味です。この場合も、動詞の原形をそのままつけるだけなので簡単です。

You shouldn't +

- say anything.
  「何も言わない方がいいよ」

- eat so much junk food.
  「そんなにジャンクフード食べない方がいいよ」

- go to bed so late.
  「そんなに遅い時間に寝ない方がいいよ」

- think about it too much.
  「あんまり考えすぎない方がいいよ」

シチュエーション別に使えるフレーズ

🚶 一般

「彼に言わない方がいいよ」は
You shouldn't tell him.

「そんなに悩まない方がいいよ」は
You shouldn't worry so much.

💻 仕事

「働きすぎだよ」は
You shouldn't work so much.

「上司にそういう口の利き方をしない方がいいよ」は
You shouldn't talk to your boss like that.

❤️ 恋愛

「浮気しない方がいいよ」は
You shouldn't cheat.
「浮気する」は「cheat」という動詞を使います。

「そんなに喧嘩しない方がいいよ」は
You shouldn't fight so much.

スーパー言い回し 14

I should've ~

「~すればよかった」

「should've」は「should have」の省略形で、その後には動詞の過去分詞をつけます。自分が意識的に行った行動を後悔する時に使います（「昨日、晴れればよかったのに」など、その人の意志と関係ない場合は使いません）。「should've」は「シュドゥブ」と発音します。

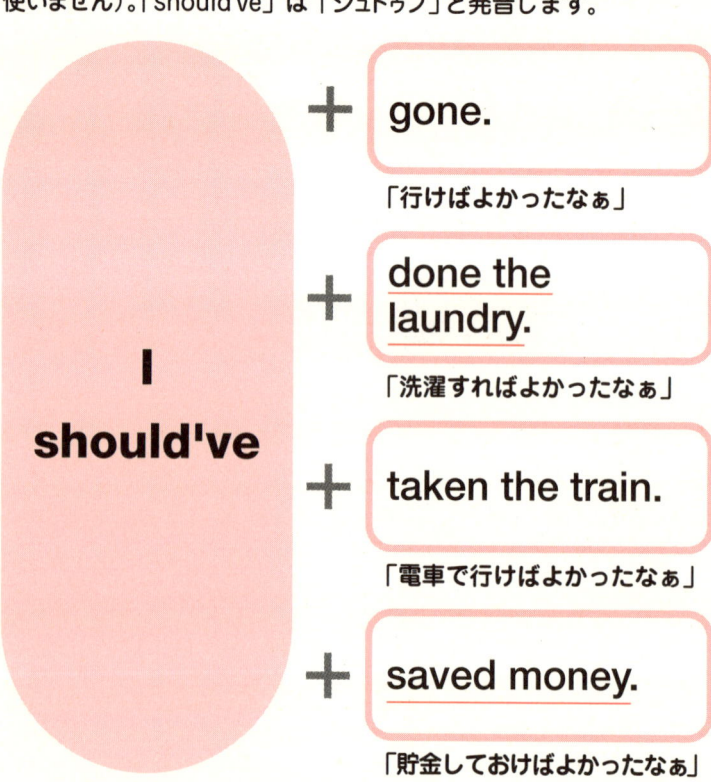

I should've +

- **gone.**
  「行けばよかったなぁ」

- **done the laundry.**
  「洗濯すればよかったなぁ」

- **taken the train.**
  「電車で行けばよかったなぁ」

- **saved money.**
  「貯金しておけばよかったなぁ」

シチュエーション別に使えるフレーズ

👫 一般

「気づくべきだった」は
I should've known.
これはよく使う決まり文句です。

「高校の時もっと勉強しておけばよかった」は
I should've studied more in high school.
「高校の時」は「in high school」と言います。

🏃 遊び

「陽子ちゃんも誘えばよかったね」は
We should've invited Yoko.

「やっぱりあのバッグを買えばよかった」は
I should've bought that bag.

💗 恋愛

「やっぱり告白しちゃえばよかった」は
I should've asked him out.

「彼女がいるって言えばよかった」は
I should've told her I had a girlfriend.

スーパー言い回し
15

I shouldn't have~

「〜しなきゃよかった」

「〜すべきじゃなかった」「〜しなきゃよかった」「〜するんじゃなかった」という意味です。これも意識的な行動に限ります（「車に跳ねられなきゃよかった」など、意識的な行動ではないものには使えません）。「shouldn't have」と書きますが、「シュドゥヌブ」と発音します。

I shouldn't have

+ **gone.**
「行かなきゃよかったよ」

+ **bought this.**
「これ、買わなきゃよかったよ」

+ **quit my job.**
「会社辞めなきゃよかったよ」

+ **asked.**
「聞くんじゃなかったよ」

シチュエーション別に使えるフレーズ

👫 一般

「あんなに遅く寝なきゃよかった」は
I shouldn't have gone to bed so late.

「それを言うべきじゃなかった」は
I shouldn't have said that.

😆 遊び

「あんなに飲まなきゃよかった」は
I shouldn't have drunk so much.

「あんなに」は「so」と言います。量を表すときは「so much」。ちなみに数を表すときは「so many」になります。

「あんなに遅くまで遊ばなきゃよかった」は
I shouldn't have stayed out so late.

「遅くまで遊ぶ」は「stay out late」。「so」をつけると「あんなに」という意味になります。

❤️ 恋愛

「浮気しなきゃよかった」は
I shouldn't have cheated.

「彼女に怒鳴るんじゃなかった」は
I shouldn't have shouted at her.

動詞の原形をつければ OKの言い回し

この言い回しも、「be going to」や「want」、「should」の言い回しと同じように、動詞の原形をつけるだけでいいので、簡単に応用できます。どれも毎日いろいろな場面で使える言い回しなので、全部覚えてしまいましょう。

スーパー言い回し 16

Can I~? Could I~?

「～してもいい？」

「Can I ～?」と「Could I ～?」は、「～してもいい？」という意味です。どちらもまったく同じ使い方ですが、「Could I ～?」の方が少し丁寧です。「May I ～?」（～してもいいですか？）は堅い言い回しなので、日常会話ではあまり使いません。これを使うのは、一流ホテルやレストランのウエイター、ブランド店の店員などです。

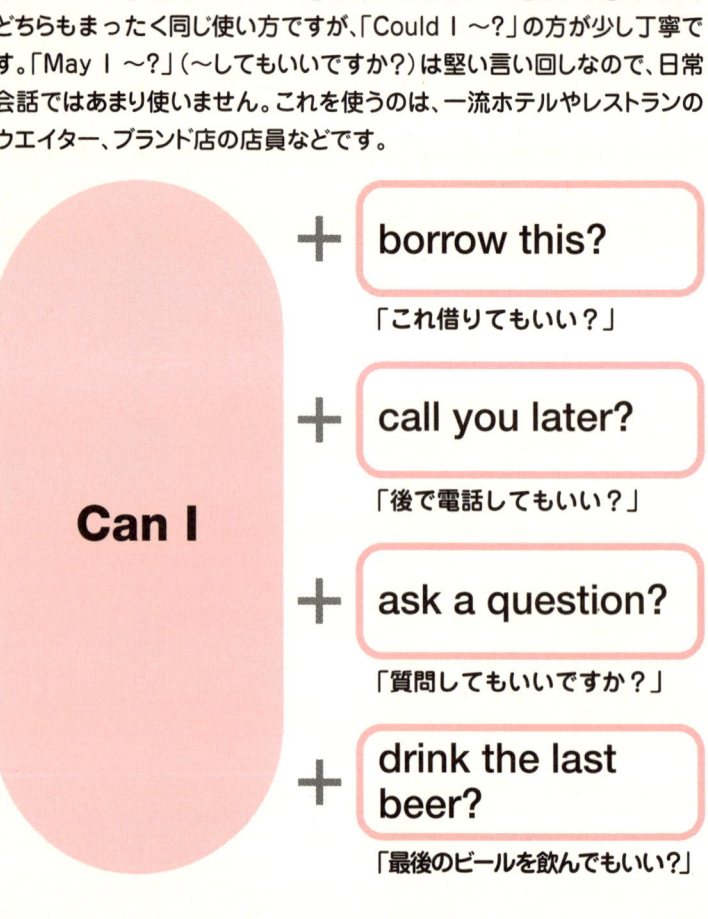

Can I +

- **borrow this?**
  「これ借りてもいい？」

- **call you later?**
  「後で電話してもいい？」

- **ask a question?**
  「質問してもいいですか？」

- **drink the last beer?**
  「最後のビールを飲んでもいい？」

シチュエーション別に使えるフレーズ

🚶 一般

「お手洗いを借りてもいいですか？」は
Can I use the bathroom?

「これもらってもいい？」は
Can I keep this?

💻 仕事

「今日早退してもいいですか？」は
Can I go home early today?

「早退する」は、簡単に「go home early」と言います。

「会議室を使ってもいいですか？」は
Can I use the conference room?

🏃 遊び

「私も行っていい？」は
Can I come too?

「彼氏も連れて行っていい？」は
Can I bring my boyfriend?

スーパー言い回し **17**

Can you~? Could you~?

「〜してくれる？」

みなさんは学校で「Would you 〜?」や「Will you 〜?」を丁寧な言い方だと習ったかもしれませんが、「Would you〜?」はとても丁寧な言い方をするときにしか使いません。日常会話で使うのは怒っているときが多いので気をつけましょう。「Can you 〜?」や「Could you 〜?」の方が感じのいい言い方です。

Can you +

- pass the salt?
 「塩を取ってくれる？」

- check my report?
 「レポートを見てもらってもいい?」

- make dinner tonight?
 「今日はあなたがご飯作ってくれる？」

- come here?
 「ちょっと来てくれる？」

シチュエーション別に使えるフレーズ

一般

「＄10貸してくれる？」は
Can you lend me $10?

「窓を開けてくれる？」は
Can you open the window?

仕事

「手伝ってくれる？」は
Can you help me?

「明日代わりに出勤してくれますか？」は
Could you fill in for me tomorrow?

「fill in for 人」は「代わりに出勤する」という意味。例えば、急用ができてアルバイトの代わりを頼みたい時などによく使います。

家の中

「洗濯物を取り込んでくれる？」は
Can you get the laundry in?

「get the laundry in」は「洗濯物を取り込む」という決まり文句。

「皿洗いしてくれる？」は
Could you do the dishes?

スーパー言い回し 18

I have to~

「～しなければいけない」

「～しなければいけない」という意味の「I have to」には、他にもいろいろな言い方があります。
- 「I've got to」(～しなければいけない)　●「I got to」(～しなくちゃいけない)
- 「I've gotta」(～しなきゃいけない)　●「I gotta」(～しなきゃ)

「I have to」と「I've got to」は正式な英語(堅い表現ではありません)ですが、「I got to」「I've gotta」「I gotta」は口語的な言い方です。口語的な言い方は、友達へのメールや手紙、漫画や台本などのセリフ、そしてもちろん日常会話で使いますが、ビジネス文書などでは使えません。

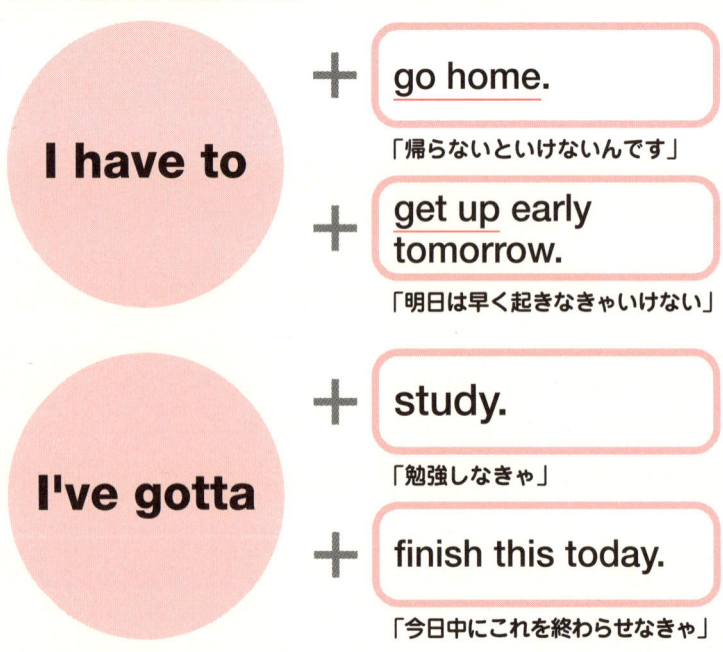

I have to +

go home.
「帰らないといけないんです」

get up early tomorrow.
「明日は早く起きなきゃいけない」

I've gotta +

study.
「勉強しなきゃ」

finish this today.
「今日中にこれを終わらせなきゃ」

シチュエーション別に使えるフレーズ

🚶 一般

「今日はまっすぐ帰らなくちゃいけない」は
I have to go straight home today.

「寄り道せずに、まっすぐ帰る」という時は、英語では必ず「go straight home」と言います。「go home directly」は間違いですので気をつけましょう。

「準備しなきゃ」は
I've gotta get ready.

「ready」は「準備ができている状態」を表しますが、「準備をする」は「get ready」と言います。

💻 仕事

「仕事に行かなきゃ」は
I gotta go to work.

「お客様と会わなければなりません」は
I have to meet a crient.

🏠 家の中

「家の掃除しなきゃ」は
I've gotta clean the house.

「夕飯作らなきゃいけない」は
I gotta make dinner.

スーパー言い回し 19

Why don't you ~?

「～すれば？」

主語が「you」なので、「あなたが～すれば？」という提案です。「～したらどうですか？」「～すれば？」という意味になります。

Why don't you + **come with us?**
「一緒に来れば？」

+ **get a new bag?**
「新しいバッグを買えばいいじゃん」

+ **come over?**
「うち来れば？」

+ **take up a sport?**
「なんかスポーツを始めれば？」

シチュエーション別に使えるフレーズ

👫 一般

「彼に聞いてみれば？」は
Why don't you ask him?

「スポーツクラブに通ったら？」は
Why don't you go to the gym?

「スポーツクラブに行く」は「go to the gym」としか言いません。

♥ 恋愛

「飲みに誘えば？」は
Why don't you take her drinking?

「振っちゃえば？」は
Why don't you dump him?

💻 仕事

「転職すれば？」は
Why don't you change jobs?

「レストランを開けば？」
Why don't you open a restaurant?

応用 主語をweに変えてみよう

主語を「we」にすると、「私たちが〜しようか?」という意味に変わります。「Do you wanna 〜?」と同じような意味です。

例:「映画観ようか?」は Why don't we see a movie?

「彼に電話しようか?」は
Why don't we call him?

「音楽聴こうか?」は
Why don't we listen to some music?

「帰ろうか?」は
Why don't we go home?

「家の掃除しようか?」は
Why don't we clean the house?

「ドライブをしようか?」は
Why don't we go for a drive?

「ドライブをする」は「drive」じゃなくて「go for a drive」です。

応用 主語をIに変えてみよう

主語を「I」にすると、「私が〜しようか?」という意味に変わります。

「私が手伝おうか?」
Why don't I help?

「僕がおごろうか?」は
Why don't I buy you dinner?

「おごる」を「treat」と言うことはほとんどなく、一般的には「buy 人 dinner」と言います。「一杯おごる」は「buy 人 a drink」です。

「私が説明しようか?」は
Why don't I explain?

「僕が子供の面倒を見ようか?」は
Why don't I look after the kids?

「人の面倒をみる」は「look after 人」です。

「私が運転しようか?」は
Why don't I drive?

「僕が代わりに出勤しようか?」は
Why don't I fill in for you?

スーパー言い回し 20

I just can't seem to ~

「～がなかなかできない」

「I just can't seem to ～」は、「何度もトライしているけど～ができない」「どうしても～できない」という意味です。「just」はあってもなくてもいいのですが、つける場合が多いです。

I just can't seem to

+ **find my wallet.**
「財布がなかなか見つからないんだ」

+ **get in touch with Peter.**
「ピーターとなかなか連絡がとれない」

+ **quit smoking.**
「なかなかタバコをやめられない」

+ **sell my house.**
「家を買ってくれる人がなかなか見つからないんだ」

シチュエーション別に使えるフレーズ

👫 一般

「どうしてもやせられない」は
I just can't seem to lose weight.

「やせる」は「lose weight」と言います。

「お金がなかなか貯まらないよ」は
I just can't seem to save money.

💻 仕事

「仕事がなかなか決まらない」は
I just can't seem to get a job.

「なかなか休みがとれない」は
I just can't seem to take time off.

💛 恋愛

「どうしても彼女ができないんだ」は
I just can't seem to get a girlfriend.

「彼女ができる」は「get a girlfriend」。「彼氏ができる」だったら「get a boyfriend」。

「(彼女ができても) どうしても長続きしない」は
I just can't seem to keep a girlfriend.

「get a girlfriend」は「彼女ができる」という意味ですが、「続く」という意味をもつ「keep」を使うと「彼女と長続きする」という意味に変わります。

動詞の「ing」を使う言い回し

ここでご紹介する言い回しは、全部、動詞の「ing」を使います。必ず「ing」をつけましょう。「ing」を使う言い回しは、ほとんどが動詞の前に、人の名前などをそのまま入れることができます。注意して欲しいのは「your/my/his/her」ではなく、「you/me/him/her」を使うということです。人の名前を使う場合も「's」はつけません。

どれもよく使う表現です。しっかりマスターしましょう。

スーパー言い回し 21

I can't imagine~ing

「〜するなんて想像できない」

「imagine」の後は動詞の「ing」をそのまま入れるだけです。これも日常会話でよく使う表現。

I can't imagine

+ **liv*ing* in Shibuya.**
「渋谷に住むなんて想像できない」

+ **hav*ing* $1 million.**
「100万ドル持っているなんて想像できない」

+ **be*ing* famous.**
「自分が有名人だなんて想像できない」

+ **teach*ing* Japanese.**
「日本語を教えるなんて想像できない」

シチュエーション別に使えるフレーズ

👫 一般

「ニューヨークで育つなんて想像できないよ」は
I can't imagine growing up in New York.

「grow up」は「育つ」とか「大人になる」という意味です。「育てる」という意味では使わないので気をつけましょう。「育てる」は「raise」か「bring up」です。

「宝くじに当たるなんて想像できないよ」は
I can't imagine winning the lottery.

「宝くじに当たる」は「win the lottery」と言います。

💗 恋愛

「あなたと別れるなんて想像できない」は
I can't imagine breaking up with you.

「自分が結婚してるところなんて想像できない」は
I can't imagine being married.

「結婚する」は「get married」ですが、「結婚している」は「be married」と言います。

💻 仕事

「クビになるなんて想像できない」は
I can't imagine getting fired.

「あの会社で働くなんて想像できない」は
I can't imagine working there.

「あの会社」は「there」でOK。

応用 「(人)が〜するなんて想像できない」と言ってみよう

「imagine」の後に人の名前などを入れると、「(人)が〜するなんて想像できない」という意味になります。こうやって応用すれば、もっといろんなことが言えるようになります。

例:「あなたが怒るのを想像できない」は
I can't imagine you getting angry.

「彼女がスキーしてるところを想像できない」は
I can't imagine her skiing.

「彼が残業するなんて想像できない」は
I can't imagine him doing overtime.

「あなたが結婚してるのを想像できない」は
I can't imagine you being married.

「うちの彼氏が料理してるのを想像できない」は
I can't imagine my boyfriend cooking.

「あの2人が別れるなんて想像できない」は
I can't imagine them breaking up.

応用 「～じゃないなんて想像できないよ」と言ってみよう

動詞の前に「not」を入れるだけで否定文にできます。この応用まで覚えたら、「imagine」の使い方は完璧！

例：「テレビがないなんて想像ができないよ」は
I can't imagine not having a TV.

「携帯電話がないなんて想像できないよ」は
I can't imagine not hav**ing** a cell phone.

「チョコレートが好きじゃないなんて想像できない」は
I can't imagine not lik**ing** chocolate.

「仕事しなくてもいい生活なんて想像できないね」は
I can't imagine not hav**ing** to work.
「not have to」は「しなくてもいい」という意味。これも「ing」にできるよ。

「彼がスーツを着てない姿が想像できない」は
I can't imagine him not wear**ing** a suit.

「彼女がここで働いてないなんて想像できないよね」は
I can't imagine her not work**ing** here.

スーパー言い回し
22

What's it like ~ing?

「〜するのってどんな感じ？」

「What's it like 〜ing?」は「〜ってどんな感じですか？」という疑問文で、何かを経験したことがない人が経験のある人に聞く質問です。

What's it like

+ **living by yourself?**
「一人暮らしってどんな感じ？」

+ **being a housewife?**
「主婦ってどんな感じ？」

+ **riding a horse?**
「馬に乗るのってどんな感じ？」

+ **being a father?**
「お父さんになるってどんな感じ？」

シチュエーション別に使えるフレーズ

👫 一般

「英語を教えるってどうですか？」は
What's it like teaching English?

「留学するのってどんな感じ？」は
What's it like studying abroad?

♥ 恋愛

「Peterと付き合っててどう？」は
What's it like going out with Peter?

「また1人になってどんな感じ？」は
What's it like being single again?

💻 仕事

「毎日12時まで働くのはどう？」は
What's it like working 'till midnight everynight?

「中間管理職ってどんな感じ？」は
What's it like being middle management?

応用 「～しないのはどんな感じ?」と言ってみよう

この言い方も「not」を使えば、さらに表現が増えます！

例：「テレビを持ってないのはどんな感じ？」は
What's it like not having a TV?

「携帯を持たないのってどんな感じ？」は
What's it like not hav**in**g a cell?
「携帯電話」は「cell phone」と言いますが、「cell」に省略する人も多いです。

「お肉を食べないのってどんな感じ？」は
What's it like not eat**in**g meat?
例えばベジタリアンに聞く質問です。

「2日間何も食べないのってどんな感じ？」は
What's it like not eat**in**g for two days?

「お酒が飲めないのはどんな感じ？」は
What's it like not be**in**g able to drink?

「単身赴任ってどんな感じ？」は
What's it like not liv**in**g with your family?

応用 「～ってどんな感じだろう?」と言ってみよう

経験がない人同士だったら「I wonder what it's like ～ing」という形になります。「～ってどんな感じだろうね」という意味です。これは疑問文ではないので、「what's it」が「what it's」に変わります。間違いやすいので、気をつけましょう。

例:「宇宙に行くのってどんな感じだろう?」は
I wonder what it's like going to space.

「結婚してるってどんな感じだろうね」は
I wonder what it's like being married.

「インドに住むのってどんな感じだろう」は
I wonder what it's like living in India.

「お金持ちでいるのはどんな感じなんだろうね」は
I wonder what it's like being rich.

「お父さんがいないのってどんな感じなんだろうね」は
I wonder what it's like not having a father.

「子供を産むのってどんな感じなんだろう」は
I wonder what it's like having a baby.

スーパー言い回し
23

I miss~ing

「~が懐かしい」

日本では「miss」を使ったもっともよく知られている表現は「I miss you.」(あなたがいなくて寂しい)ですが、この「you」の代わりに、いろいろな単語を入れることができます。

「I miss + 名詞」は「~が懐かしい」「~がなくて寂しい」という意味です。

I miss + **high school.**

「高校の時が懐かしいよ」

+ **Japan.**

「日本が恋しい」

「I miss + ~ing」は「~していた頃が懐かしい」「~していたあの頃はよかったなぁ」という意味です。

+ **living in Osaka.**

「大阪に住んでた頃はよかったなぁ」

+ **being free.**

「自由があった頃はよかったなぁ」

シチュエーション別に使えるフレーズ

👫 一般

「学生だった頃はよかったなぁ」は
I miss being a student.

「若い頃が懐かしいなぁ」は
I miss being young.
「young」は形容詞なので、be動詞が必要です。

♥ 恋愛

「独身だった頃はよかったなぁ」は
I miss being single.
「single」は「独身」という形容詞です。形容詞なので「be」動詞が必要です。

「彼氏がいた頃の方が楽しかった」は
I miss having a boyfriend.

💻 仕事

「あそこで働いてた頃が懐かしい」は
I miss working there.

「仕事が5時に終わってた頃が懐かしいなぁ」は
I miss getting off work at 5.
「get off work」は「仕事が終わる」という決まり文句。

応用 「(人が)〜していた頃が懐かしいなぁ」と言ってみよう

「I miss 〜 ing」は自分がしていたことを懐かしむ表現。「miss」の後ろに「(人)」を入れると、「(人が)〜していた頃が懐かしいなぁ」という意味になります。これで、あなたの表現力もグンと広がります!

例:「彼がやさしくしてくれてた頃が懐かしい」
I miss him being nice to me.

「お母さんがご飯作ってくれてた頃が懐かしい」は
I miss my mom making me dinner.

「彼女がここで働いてた頃が懐かしい」は
I miss her working here.

「主人が早く帰ってきてた頃はよかったわ」は
I miss my husband coming home early.

「Daveがまだ日本に住んでた頃はよかったなぁ」は
I miss Dave living in Japan.

「もっと暖かかった頃がよかったなぁ」は
I miss it being warmer.
天気の主語は大体「it」です。

応用 「〜しなかった頃が懐かしい」と言ってみよう

動詞の前に「not」を入れれば、「〜しなかった頃が懐かしい」という意味になります。

例：「仕事してなかった頃が懐かしい」
I miss not working.

「早起きしてなかった頃が恋しい」は
I miss not gett**ing** up early.

「ストレスがなかった頃が恋しい」は
I miss not be**ing** stressed.
「ストレス」は「stress」という名詞を使いますが、「ストレスがある」は大体「be stressed」を使います。

「残業がなかった頃が懐かしいなぁ」は
I miss not do**ing** overtime.

「彼が忙しくなかった頃が恋しい」は
I miss him not be**ing** so busy.

「彼女がストレスがたまってなかった頃がよかった」は
I miss her not be**ing** so stressed.

スーパー言い回し 24

I have been ~ing.

「最近よく〜している」

　この言い方は、本当によく使います。特に、誰かと久しぶりに会った時などは、この表現ばかりと言ってもいいぐらいです。ただし、「最近よくすること」を表す表現なので、「最近1回だけしました」という場合には使いません。

I've been + **study**ing.
「最近よく勉強している」

+ **stay**ing home.
「最近家にいることが多い」

+ **work**ing out.
「最近筋トレしている」

+ **work**ing hard.
「最近仕事を頑張っている」

シチュエーション別に使えるフレーズ

🏃 遊び

「最近よくPeterと遊んでる」は
I've been hanging out with Peter.

「最近よく飲みに行ってる」は
I've been going drinking.

❤️ 恋愛

「最近、君のことばかり考えてる」は
I've been thinking about you.

「最近付き合ってる人がいる」は
I've been seeing someone.
「see」は「見る」や「会う」という意味ですが、「付き合う」という意味でも使います。

💻 仕事

「最近残業が多い」は
I've been working overtime.

「最近仕事が早く終わる」は
I've been getting off work early.

スーパー言い回し 25

I haven't been~ing

「最近〜していない」

「最近〜してないなぁ」と言いたい時はこの言い回しを使いましょう。これも日常会話でよく使われる表現です。

I haven't been

+ **exercising.**
「最近運動してないな」

+ **going out.**
「最近出かけてない」

+ **thinking about it.**
「最近そのことについては考えてない」

+ **working.**
「最近働いてない」

シチュエーション別に使えるフレーズ

👫 一般

「最近勉強してない」は
I haven't been study**ing**.

「最近学校に行ってない」は
I haven't been go**ing** to school.

🏠 家の中

「最近眠れない」は
I haven't been gett**ing** to sleep.

「get to sleep」は「眠れる」、「寝付ける」という決まり文句です。

「最近あんまりテレビ見てない」は
I haven't been watch**ing** much TV.

「テレビを見る」は「watch TV」。否定文で「much」を使うと「あまり〜ない」という意味になります。

🕺 遊び

「最近クラブに行ってないなぁ」は
I haven't been go**ing** clubbing.

「クラブに行く」は「go clubbing」という言い方。ホステスがいるクラブじゃなくて、踊りに行く方ですよ。

「最近外食してないなぁ」は
I haven't been eat**ing** out.

スーパー言い回し
26

Have you been~ing?

「最近〜してる？」

この言い回しを使って、久しぶりに会った友達にどんどん質問してみましょう。

Have you been

+ studying?
「最近勉強してる？」

+ doing overtime?
「最近残業してる？」

+ watching the news?
「最近ニュース見てる？」

+ practicing?
「最近練習してる？」

シチュエーション別に使えるフレーズ

👫 一般

「最近筋トレしてる?」は
Have you been working out?

「最近楽しい?」は
Have you been having fun?

「have fun」は「楽しむ」という意味です。

♥ 恋愛

「最近付き合ってる人いる?」は
Have you been seeing anyone?

「see」は「会う」という意味でもよく使いますが、「デートする」とか「付き合う」という意味でも使います。肯定文は「someone」ですが、否定文や疑問文は「anyone」になります。

「最近仲良くしてる?」は
Have you been getting along?

「get along」は「仲がいい」や「うまくやっている」という決まり文句。

🏃 遊び

「最近飲みに行ってる?」は
Have you been going drinking?

「最近遅くまで遊んでるの?」は
Have you been staying out late?

「stay out late」は「遅くまで外で遊ぶ」という決まり文句。

――― Part1・たった40パターンで英会話!

応用 what/where/who...をつけて使ってみよう

疑問文は「what/where/who/when」などの単語を使うことがよくあります。文章の前につけるだけなので、簡単に応用できます。これでもっといろんな表現ができるようになります。

例:「最近誰と付き合ってるの?」Who have you been seeing?

👫 一般

「最近何やってるの?」は
What have you been doing?

「最近学校で何を勉強してるの?」は
What have you been studying at school?
小学校、中学校、高校、大学は全部「school」で大丈夫です。

🏃 遊び

「最近どこで遊んでんの?」は
Where have you been hanging out?
「遊ぶ」は「play」じゃなくて、「hang out」です。

「最近誰と遊んでるの?」は
Who have you been hanging out with?
「誰と」だから「with」を忘れてはいけません。

🏠 家の中

「最近どんな料理をするの?」は
What have you been cooking?

「最近何時に寝るの?」は
What time have you been going to bed?

スーパー言い回し 27

I have trouble~ing

「～するのが大変だ」

「I have trouble」は現在形です、現在形は「一般的なこと」や「いつものこと」を表すので、「私は（いつも）なかなか～ができない」という意味になります。

I have trouble +

- **getting up in the morning.**
  「私、朝が苦手なの」

- **remembering names.**
  「名前を覚えるのが得意じゃない」

- **expressing myself.**
  「自分の気持ちを表現するのが得意じゃない」

- **deciding what to wear.**
  「いつも何を着るか決められない」

シチュエーション別に使えるフレーズ

👫 一般

「友達を作るのが得意じゃない」は
I have trouble making friends.
「友達を作る」は「make friends」と言います。一人の友達でも、複数で言うのが一般的。

「授業についていくのが大変」は
I have trouble keeping up with the class.
「遅れずについていく」は「keep up（with ～）」と言います。

🏠 家の中

「寝つきがわるいんだよ」は
I have trouble getting to sleep.
「get to sleep」は「寝付く」、「眠る」という決まり文句です。

「子供を起こすのは大変」は
I have trouble getting the kids up.
「get up」は「起きる」、「get 人 up」は「起こす」という意味です。

💻 仕事

「時間どおりに会社に着くのに苦労する」は
I have trouble getting to work on time.
「時間どおり」は「on time」と言います。「着く」はたいていの場合、「get」を使います。

「早く帰るのがなかなか難しい」は
I have trouble getting off work early.
「get off work」は「仕事が終わる」という意味。こういうときも使います。

応用 「～するのが大変だった」と言ってみよう

「have」を過去形の「had」にすると「～するのが大変だった」とか「なかなか～できなかった」という意味になります。

例：「タクシーを捕まえるのが大変だったよ」
I had trouble getting a taxi.

「あなたの家を見つけるが大変だった」は
I had trouble finding your house.

「駐車場を見つけるのが大変だった」は
I had trouble getting parking.

「昨日帰るのが大変だった」は
I had trouble getting home last night.

「全部食べるのが大変だった」は
I had trouble eating everything.

「彼の言ってることを理解するのが難しかった」は
I had trouble understanding him.

応用 「なかなか〜できない」と言ってみよう

「have trouble」を進行形にすると、「今のこと」を表せます。「(今)なかなか〜できない」という意味になります。

例:「お金がなかなか貯まらないんだ」
I'm having trouble saving money.
「お金を貯める」は「save money」と言います。

「息が苦しい」は
I'm having trouble breathing.

「仕事がなかなか決まらない」は
I'm having trouble getting a job.

「今読んでいる書類は難しくて分かりにくい」は
I'm having trouble reading this document.

「Joeと連絡がなかなか取れないんだよ」は
I'm having trouble getting in touch with Joe.

「連絡をとる」は「get in touch (with 人)」と言います。

「この報告書を書こうとしているけど、うまくいかない」は
I'm having trouble writing this report.

スーパー言い回し **28**

Thanks for ~ing

「～してくれてありがとう」

「Thank you」はご存知だと思いますが、ただ「Thank you, thank you」と繰り返すだけではなく、他のお礼の表現も覚えましょう。「Thank you for ～」という形を知っておくと便利です。「for」の後ろには名詞もつけられるし、動詞の「ing」形もつけることができます。日常会話では「Thank you」の省略形「Thanks」がよく使われます。

Thanks for

+ dinner.
「ご馳走様」

+ the ride.
「送ってくれてありがとう」

+ teaching me English.
「英語を教えてくれてありがとう」

+ coming.
「来てくれてありがとう」

Part1 ● たった40パターンで英会話！

103

シチュエーション別に使えるフレーズ

👫 一般

「アドバイスをありがとう」は
Thanks for the advice.

「手伝ってくれてありがとう」は
Thanks for help**ing** me.

🏠 家の中

「皿を洗ってくれてありがとう」は
Thanks for do**ing** the dishes.

「起こしてくれてありがとう」は
Thanks for gett**ing** me up.

🏃 遊び

「誘ってくれてありがとう」は
Thanks for invit**ing** me.

「遊びに連れていってくれてありがとう」は
Thanks for tak**ing** me out.

「遊びに行く」は「go out」。「(人を)遊びに連れていく」は「take 人 out」と言います。

文章をそのまま使う言い回し

ここで紹介するのは、文章をうしろにつける上級テクニックです。「いつものこと」は現在形の文章、「今のこと」は進行形の文章、「過去のこと」は過去形の文章、「未来のこと」は未来形の文章を使います。

未来の場合は、進行形と「will」のどちらを使うかは重要です。
例えば「I'm glad（〜でよかった）」の場合は進行形を使います。未来に対して「よかった」と言えるのは、その未来のことが決まっている時だけです。例えば「明日彼が来るからよかった」という文章は、彼が来ることが決まっているから「よかった」と思えるわけで、来ることが決まっていなければ「よかった」と言いません。決まっている未来のことを表すのは進行形です。
しかし「I'm worried」の場合は「will」を使います。例えば「道に迷いそうで心配」という文章は、道に迷うかどうかは決まってないことなので、決まってない未来を表す「will」を使います。進行形で言ってしまうと「あぁ、そうか、今日は迷子になる日だった」という変な意味になります。

スーパー言い回し 29

I'm glad～＋文

「～でよかった」

「I'm glad to ～」という言い方もありますが、これはいくつかの決まり文句で使われるだけです（"I'm glad to hear that."、"I'm glad to see you." など）。ですから、「I'm glad＋文」を覚えておいた方が応用範囲が広がって便利です。こちらは、後ろに文章をつけることで、どんな場合にも使えます。

I'm glad

＋ いつもの習慣は現在形の文章
I learn English.
「英語を習っててよかった」

＋ 今のことは進行形の文章
I'm wearing a scarf.
「マフラーをしててよかった」

＋ 過去のことを表す時は過去形の文章
I didn't go.
「行かなくてよかったよ」

＋ 未来のことは進行形
he's coming back tomorrow.
「明日彼が帰ってくるからうれしい」

シチュエーション別に使えるフレーズ

👫 一般

「雨が降ってなくてよかったね」は
I'm glad it's not raining.
今のことなので、進行形です。

「傘を持ってきてよかった」は
I'm glad I brought my umbrella.
過去のことなので、過去形の文章になります。

♥ 恋愛

「彼に彼女がいなくてよかった」は
I'm glad he doesn't have a girlfriend.
「彼女がいない」はもともと現在形の文章です。ですから、そのままの文章に「I'm glad」をつけるだけです。

「彼女に告白してみてよかった」は
I'm glad I asked her out.
過去のことなので、過去形の文章です。

💻 仕事

「新しいお客さんが増えてよかった」は
I'm glad I got a lot of new clients.

「来週給料日でよかった」は
I'm glad I'm getting paid next week.
「get paid」は「給料をもらう」という意味です。「来週給料日だ」というのは決まっている未来のことなので、進行形。

スーパー言い回し 30

It's too bad + 文

「〜で残念」

「It's too bad+文」は、「〜で残念だ」という意味です。「I'm glad〜」の時と同じで、後ろには文章をそのままつけます。習慣などを表す時には現在形、今のことを表す時には進行形、過去のことを表す時には過去形を使います。未来のことに対して「残念」と思うのは、すでに予定が決まっていたということですから、「I'm glad」の時と同じように、進行形を使います。

It's too bad +

- it's raining.
  「雨が降っていて残念だね」

- she has a boyfriend.
  「あの子に彼氏がいて残念だよ」

- the game got cancelled.
  「試合が中止になって残念だね」

- you're working tomorrow.
  「明日仕事だなんて残念だよ」

シチュエーション別に使えるフレーズ

👫 一般

「彼が来なくて残念だったね」は
It's too bad he didn't come.

「あなたが明日来られなくて残念」は
It's too bad you're not coming tomorrow.

❤ 恋愛

「彼が結婚していて残念」は
It's too bad he's married.

「文子が来月結婚しちゃうのは残念だなぁ」は
It's too bad Ayako is getting married next month.

💻 仕事

「浩二が転勤になるのは残念だね」は
It's too bad Koji is getting transferred.

「あなたが今日残業がしなくちゃいけないのは残念」は
It's too bad you're doing overtime tonight.

スーパー言い回し **31**

I can't believe+文

「〜なんて信じられない」

いい意味でも悪い意味でも使います。文章をそのままつけるだけです。いつもの習慣などは現在形、今のことは進行形、過去のことは過去形、未来のことは進行形をつけましょう。

I can't believe +

- you don't like coffee.
  「コーヒーが嫌いなんて信じられない」

- he goes to Todai.
  「彼が東大生だなんて信じられない」

- my boss said no.
  「上司が賛成してくれないなんて信じられない」

- she's not coming tomorrow.
  「彼女が明日来ないなんて信じられない」

シチュエーション別に使えるフレーズ

👫 一般

「あなたがそんなことを言うなんて信じられない」は
I can't believe you said that.
日本語が「そんなことを言うなんて」でも、「言ったこと」が信じられないので過去形にします。

「携帯を持ってないなんて信じられない」は
I can't believe you don't have a cell phone.

🏃 遊び

「こんな時間から飲んでいるなんて信じられない」は
I can't believe you're drinking already.
今すでに飲んでいるので、進行形を使います。「こんな時間から」は「already」でOK。

「パーティーに行かなかったなんて信じられない」は
I can't believe you didn't go to the party.

💻 仕事

「彼が昇進したなんて信じられない」は
I can't believe he got promoted.

「(面接を受けた)仕事が決まらなかったなんて信じられない」は
I can't believe I didn't get the job.
「就職が決まる」は「get a job」だけど、「その仕事／例の仕事」の場合は「the」になります。

スーパー言い回し
32

I'm surprised+文

「~とは意外だね」

「I'm surprised+文」は「~するとはびっくりした」「~するなんて意外だね」「~するなんて不思議」「~するとは思わなかった」という意味です。後ろに文の形をそのままつけます。「I'm glad」と同じように、いつもの習慣を表す時は現在形、今のことを表す時は進行形、過去のことを表す時は過去形、未来のことを表わす時は進行形を使いましょう。

I'm surprised

+ you think that.
「あなたがそう思うなんて不思議だわ」

+ he said that.
「彼がそう言ったのはびっくり」

+ she said yes.
「彼女がOKしてくれたのは意外だね」

+ you got off work so early.
「仕事がこんなに早く終わるなんて意外だわ」

シチュエーション別に使えるフレーズ

🚶‍♂️🚶 一般

「よく見つかったね」は
I'm surprised you found it.

「なんで文句言わないのか不思議」は
I'm surprised you don't complain.

❤️ 恋愛

「あの2人がよりを戻してびっくりした」は
I'm surprised they got back together.

「彼女がなんで彼と別れないのか不思議」は
I'm surprised she doesn't dump him.

💻 仕事

「彼が昇進するなんて意外だね」は
I'm surprised he got promoted.

「昇進する」は「get promoted」と言います。日本語では「昇進するなんて」と言いますが、「昇進した」のは過去のことだから過去形を使います。

「新しい店舗を開かないのが不思議」は
I'm surprised they don't open a new branch.

「新しい店舗を開く」は「open a new branch」と言います。

スーパー言い回し 33

I'm sorry+文

「〜してごめんね」「〜して後悔した」「〜で残念」

「I'm sorry to 〜」を使ういくつかの決まり文句もありますが、数が限られています。「I'm sorry」の後は文章がくると覚えて下さい。「I'm glad」と同じように、いつもの習慣を表す時は現在形、今のことを表す時は進行形、過去のことを表す時は過去形、未来のことを表す時は進行形を使います。

「I'm sorry」には意味が3つあります。内容に合わせて使い分けましょう。

I'm sorry +

「〜してごめんなさい」
I'm late.
「遅刻してごめんね」

「〜して後悔した」
I asked.
「聞いた俺がバカだった」（聞いて後悔した）

「〜して残念だ」
you couldn't come.
「あなたが来られなかったのは残念」

シチュエーション別に使えるフレーズ

👥 一般

「怒鳴ってごめんね」は
I'm sorry I shouted at you.
「怒鳴る」は「shout（at 人）」と言います。

「その番組を見ないで後悔した」は
I'm sorry I didn't watch the program.

👥 遊び

「あなたを誘わなくてごめんね」は
I'm sorry I didn't invite you.

「終電で帰らなかったのを後悔した」は
I'm sorry I didn't take the last train.
「電車に乗る」は「take the train」と言います。「last train」にすれば「最終電車」になります。

🏠 家の中

「起こさなくてごめんね」は
I'm sorry I didn't get you up.

「洗濯物を取り込まないで後悔した」は
I'm sorry I didn't get the laundry in.
「洗濯物を取り込む」は「get the laundry in」と言います。

スーパー言い回し 34

I'm angry+文

「〜だから怒っている」

「怒っている」は下記のようにいろいろな言い方がありますが、すべて、文の形を後につけるだけです。
- I'm angry.（怒っている）　●I'm mad.（怒っている）
- I'm annoyed.（イライラしている）　●I'm pissed off.（ムカつく）

"pissed off"は少し品のない表現なので、使い方に気をつけてください。

I'm angry + いつものことだから現在形です
he never calls me.
「全然電話してくれないから怒ってるんだよ」

I'm pissed off + 過去のことだから過去形です
he didn't call.
「電話くれなかったからムカついてるんだ」

シチュエーション別に使えるフレーズ

👫 一般

「電車に乗り遅れてイライラしてる」は
I'm annoyed I missed the train.

「あなたが彼に言ったから怒っている」は
I'm angry you told him.

💻 仕事

「ボーナスをもらえなかったから怒ってる」は
I'm angry I didn't get a bonus.

「上司がなんでも俺のせいにするのがムカつく」は
I'm pissed off my boss blames everything on me.
「blame 〜 on 人」は「〜を人のせいにする」という意味です。

❤ 恋愛

「彼が浮気したから怒っている」は
I'm angry he cheated on me.

「彼女が俺の約束をすっぽかしたから怒っている」は
I'm angry she stood me up.
「stand 人 up」は「すっぽかす」という決まり文句です。

スーパー言い回し 35

No wonder+文

「～するのは無理もない」

この言い回しもよく使います。突然この表現を使うことはあまりなく、何か関連のある話をしている時に「だから～なんだ」とか「じゃ～するのも無理もないね」という感覚で使います。「I'm glad」と同じように、文章をそのままつけます。未来のことを言う時には、大体進行形にします。

No wonder + she's angry.
「彼女が怒るのも無理もないね」

No wonder + he didn't understand.
「彼が理解できなかったのも無理もないね」

No wonder + you're tired.
「あなたが疲れるのも無理もないね」

No wonder + they went bankrupt.
「あの会社が倒産したのも無理もないね」

シチュエーション別に使えるフレーズ

👫 一般

「彼が来なかったのは無理もないね」は
No wonder he didn't come.
過去のことだから過去形の文章です。

「彼女が彼のことを好きじゃないのは無理もないね」は
No wonder she doesn't like him.

💻 仕事

「彼がクビになったのも無理もないね」は
No wonder he got fired.

「あ、だから彼女は会社を辞めるんだ」は
No wonder she's quitting.

💗 恋愛

「彼女が彼にハマっているのも無理はない」は
No wonder she has a crush on him.

「彼が彼女を振ったのは無理もないね」は
No wonder he dumped her.
過去の事だから過去形です。

スーパー言い回し
36

I'm worried+文
I'm scared+文

「〜が心配だ」「〜が怖い」

「I'm worried（心配）」と「I'm scared（怖い）」は基本的に同じ意味です。使い分ける必要はありません。今までの「I'm glad」などの言い回しと違って、「I'm worried」と「I'm sacred」は決まってない未来のことを表しています。「そうなるんじゃないかと心配だ」という意味なので、決まっている未来を表す進行形を使わないで、決まってない未来を表す「will」を使います（20ページ参照）。

I'm worried + **I'll get lost.**

「迷子になりそうで心配」
迷子になるかどうかは決まってないから、進行形は使えません。

I'm worried + **I won't pass the test.**

「テストに受かるか心配」
日本語では「受かるか心配」と言うので、否定文にするのを忘れる人が多いようです。しかし、「I'm worried」の後には恐れていることを入れるので「テストに受からない」という否定の文章を使います。否定文にしないと「テストに受かりそうで心配」という意味になってしまいます。

シチュエーション別に使えるフレーズ

👫 一般

「彼女が怒りそうで怖い」は
I'm scared she'll get angry.

「彼は私のことを覚えているか心配」は
I'm worried he won't remember me.

💗 恋愛

「彼女が俺のことを振りそうで怖い」は
I'm scared she'll dump me.

「傷つくのが怖い」は
I'm worried I'll get hurt.

「get hurt」は「ケガをする」という意味ですが、精神的に「傷つく」という意味でも使います。

💻 仕事

「クビになるのが怖い」は
I'm scared I'll get fired.

「ノルマが達成できるか心配」は
I'm worried I won't fill the quota.

文章を使う言い回し②
未来のことを現在形で言う表現

この言い回しも、文章をそのままつけて使います。いつもやっていることを表す時は現在形、今のことを表す時は進行形、過去のことを表す時は過去形の文章を使います。ただし、未来のことを表す時も、なぜか現在形を使いますので注意しましょう。

スーパー言い回し 37

I hope+文

「〜だといいね」

「I hope」の後も文章を使います。いつもの習慣を表す時は現在形、今のことを表わす時は進行形、過去のことを表す時は過去形を使います。ただし、未来のことを表す時も、なぜか現在形を使いますので注意しましょう。

I hope +

- **he comes tomorrow.**
  「明日彼が来るといいな」
  未来のことなのに、現在形の「he comes」という文章を使います。

- **she's not late.**
  「彼女が遅刻しないといいけど」

- **he doesn't find out.**
  「彼にバレないといいなぁ」

- **you had a good time.**
  「楽しめたといいんだけど(楽しめましたか?)」

シチュエーション別に使えるフレーズ

👫 一般

「彼、傘を持っていったといいんだけど」は
I hope he took an umbrella.
過去のことは普通に過去形の文章を使えばOK！

「雨降らないといいね」は
I hope it doesn't rain.

♥ 恋愛

「いい人と出会えるといいなぁ」は
I hope I meet someone nice.
未来のことは現在形の文章を使います。

「彼に彼女がいないといいね」は
I hope he doesn't have a girlfriend.

💻 仕事

「上司が許可を出してくれるといいなぁ」は
I hope my boss says yes.

「say yes」は「賛成する」「許可を出す」という決まり文句です。簡単に言えますので、しっかり覚えてすぐに使えるようにしておきましょう。「give me permission（許可を出す）」のような言い方より、ずっと自然です。

「早く仕事が見つかるといいね」は
I hope you get a job soon.

スーパー言い回し
38

What if + 文 ?

「〜だったらどうする?」「〜だったらどうしよう」

「What will you do if 〜」のように長い表現を使わなくても、「What if 〜」だけで意味が通じます。この言い回しも、未来のことを表している時でも現在形の文章を使います。

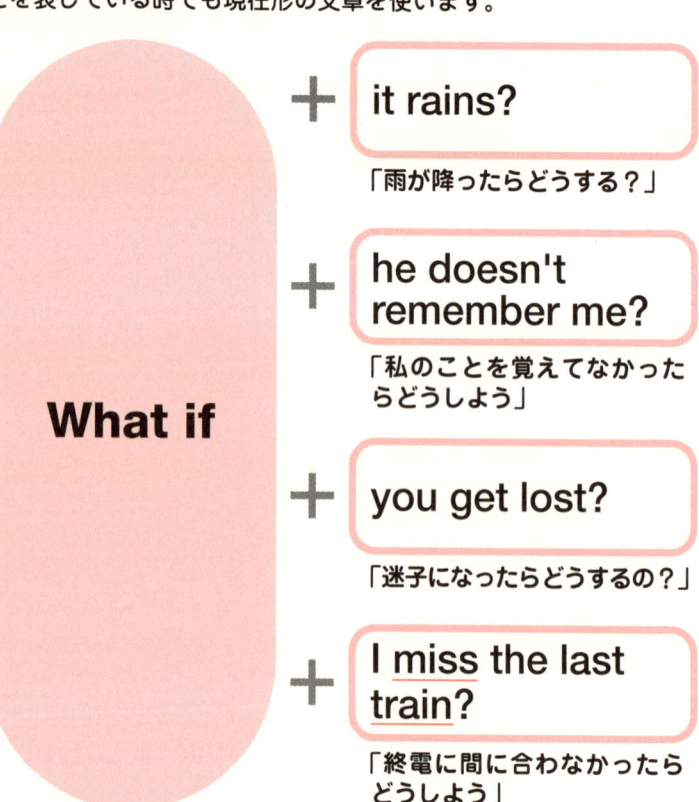

What if

+ it rains?
「雨が降ったらどうする?」

+ he doesn't remember me?
「私のことを覚えてなかったらどうしよう」

+ you get lost?
「迷子になったらどうするの?」

+ I miss the last train?
「終電に間に合わなかったらどうしよう」

シチュエーション別に使えるフレーズ

👫 一般

「彼が来なかったらどうしよう」は
What if he doesn't come?

「彼女が遅刻して来たらどうする？」は
What if she's late?
「遅刻する」は「be late」と言います。

❤ 恋愛

「あの子に彼氏がいたらどうするの？」は
What if she has a boyfriend?

「彼女に（告白して）振られたらどうしよう」は
What if she says no?
「断る」は「say no」が一番自然な英語です。「turn 人 down」よりもずっと自然。

💻 仕事

「締め切りに間に合わなかったらどうしよう」は
What if we don't make the deadline?
「締め切り」は「deadline」と言います。「締め切りに間に合う」は「make the deadline」。

「休みが取れなかったらどうしよう」は
What if I can't get time off?
「get time off」は「休みをもらう」という決まり文句。

スーパー言い回し
39

Make sure+文

「絶対〜してね」

「絶対〜してね」とか「絶対〜しないでね」という意味です。この言い回しも、未来のことを表しているのに現在形の文章を使います。「Make sure to + 動詞」という言い方もあるけど、応用範囲が狭くなります。

Make sure

+ you come.
「絶対来てね」

+ you tell her.
「絶対彼女に伝えてね」

+ you don't forget.
「絶対忘れないでね」

+ you buy rice.
「必ずお米を買ってね」

シチュエーション別に使えるフレーズ

👥 一般

「ぼったくりにあわないようにしてね」は
Make sure you don't get ripped off.
「ぼったくりにあう」は「get ripped off」と言います。

「必ず鍵を閉めてね」は
Make sure you lock the door.
「鍵を閉める」は「lock」を動詞として使います。「lock」の後は必ず「the door」や「the suitcase」など、目的語を使います。

🏠 家の中

「洗濯物を必ず干してね」は
Make sure you hang out the laundry.
「洗濯物を干す」は「hang out the laundry」と言います。

「明日絶対起こしてよ」は
Make sure you get me up tomorrow.
「起こす」は「get 人 up」です。

💻 仕事

「必ず月曜日までに終わらせてね」は
Make sure you finish it by Monday.
「までに」は「by」と言います。

「会議には絶対遅刻しないで」は
Make sure you're not late to the meeting.

応用 you以外の主語をつけてみよう

「you」以外の主語を使うこともできます。そうすると「必ず～（人に）させてね」という意味になります。日本語の訳がかなり変わるのでちょっと難しい感じがしますが、文章としては「you」の時と同じくらい簡単です。

　例：「絶対、彼に来てもらってね」Make sure he comes.
　直訳すると、「彼が来るように、あなたが配慮しておいて」という意味です。

「彼にバレないようにしてね」は
Make sure he doesn't find out.

「これを必ず彼女に渡してね」は
Make sure she gets this.

「she gets this」は「彼女がこれをもらう」という意味です。直訳すると、「彼女がこれをもらうようにしておいて」と変な日本語になりますが、英語ではこれが普通の言い方です。

「もし私が忘れたら言ってね」は
Make sure I don't forget.

直訳すると、「私が忘れないように、あなたが配慮しておいて」という意味です。

「これを汚さないようにしてね」は
Make sure it doesn't get dirty.

「みんなに知らせてね」は
Make sure everyone knows.

応用 「必ず〜します」と言ってみよう

命令文でなくてもこの形はよく使います。この応用でも、現在形の文章を使います。

例：「必ず忘れないようにします」
I'll make sure I don't forget.

「必ず行きます」は
I'll make sure I go.

「必ず彼に言っとくね」は
I'll make sure I tell him.

「絶対彼を連れてくるから」は
I'll make sure he comes.

「彼女に必ず渡すよ」は
I'll make sure she gets it.

「誰も君の邪魔をしないようにするよ」は
I'll make sure nobody gets in your way.

「get in ones way」は「邪魔をする」という決まり文句です。

スーパー言い回し 40

I bet + 文

「絶対〜だ」（予想）

「bet」は「お金をかける」という意味ですが、お金をかけなくても日常会話で「絶対〜だよ」という意味でよく使います。「絶対」といっても、あくまでも予想です。「I hope」と同ように、いつものことは現在形、今のことは進行形、過去のことは過去形、そして未来のことはなぜか現在形の文章を使います。

I bet +

- **he doesn't come.**
  「彼は絶対来ないよ」

- **it was expensive.**
  「あれは絶対高かったなぁ」

- **they get married.**
  「あの2人は絶対、結婚するね」

- **he gets angry.**
  「彼は絶対怒るよ」

シチュエーション別に使えるフレーズ

👫 一般

「明日巨人は絶対勝つ」は
I bet the Giants win tomorrow.
未来のことなのに、現在形の文章を使います。

「彼女は絶対遅刻する」は
I bet she's late.
「遅刻する」は「be late」と言います。未来のことなのに、現在形の文章です。

❤ 恋愛

「あの2人は絶対付き合ってるよ」は
I bet they're going out.
「付き合う」は「go out」と言います。今のことなので進行形の文章を使います。

「(告白しても)彼は絶対断るよ」は
I bet he says no.
「断る」は「say no」が一番普通の言い方です。未来のことなのに現在形の文章です。

💻 仕事

「彼は昨日絶対会社に行ってない」は
I bet he didn't go to work yesterday.
日本語では「行ってない」と言いますが、行かなかったのは昨日のことなので、英語では「行かなかった」という過去形の文章を使います。

「今日は絶対残業になりそうだね」は
I bet we have to work overtime tonight.
「have to(しなければならない)」を使った方が自然。未来のことですが現在形の文章を使います。

Part 2

Part1のパターンにあてはめて使おう!

シチュエーション別
スーパー便利フレーズ

恋愛で使えるフレーズ

have a crush on 人

片思い

この言い方はなんとなく遠くから見ている感じがします。片思いしている時などはこの言い方です。

「高校の時、彼にお熱だった」は
I had a crush on him in high school.

「彼女に片思いしている」は
I have a crush on her.

ask 人 out

〜に告白する

よくある間違い英語は「confess」だけど、「confess」は悪いことした時に「白状する」や「自首する」という意味です。人を好きになるのは悪いことではないので、使いません。「愛の告白」とかデートに誘うときには、必ずこの「ask 人 out」を使いましょう。

「告白すればいいじゃん」は
Why don't you ask her out?

「彼に告白する」は
I'm gonna ask him out.

hit on 人

口説く

「口説く」は簡単にこう言います。「on」を付け忘れると「殴る」という意味になるので気をつけましょう。

「彼に口説かれた」は
He hit on me.

「女の子を口説かないでね」は
Don't hit on any girls.

get a boyfriend/girlfriend

彼氏／彼女が出来る

元々自分のものじゃないものを得る時は「get」を使います。「彼氏／彼女が出来る」というときには必ずこう言いましょう。

「彼氏が出来た」は
I got a boyfriend.

「なかなか彼女が出来ない」は
I just can't seem to get a girlfriend.

have a boyfriend/girlfriend

彼氏／彼女がいる

「彼氏／彼女が出来る」ではなくて「元々いる」と言う場合は「get」は使わずに「have」を使います。これは「have」と「get」の基本的な意味の違いです。「have」は「持っている」、「いる／ある」という状態を表すもので、「get」は元々ないものを「得る」、「買う」という変化を表すものです。

「彼女がいる」は
I have a girlfriend.

「彼氏いますか？」は
Do you have a boyfriend?

go out (with 人)

付き合う

元々の意味は「出かける」だけど、「恋人として付き合う」という意味でも使います。「we、they」などの複数の主語の場合は「with 人」はいりませんが、単数の主語の場合は「with 人」が必要です。

「彼女はDaveと付き合っている」は
She's going out with Dave.

「あの2人は付き合っている」は
They're going out.

move in together

同棲を始める

「引っ越す」は「move」と言います。「move in」は「引っ越して来る」という意味になります。「together」を付けたり「with 人」を付けると「同棲を始める」という意味になります。

「私たちは同棲を始めた」は
We moved in together.

「来週彼女が引っ越して来る」は
She's moving in with me next week.

have a fight

ケンカする

「fight」という単語だけ覚えたらダメです。「fight」は「ケンカ」という名詞だけど、「ケンカする」という動詞は「have a fight」と言います。「fight」を動詞で使うと「戦う」という意味になってしまいます。「〜のことでケンカする」は「over」を使います。

「お金のことでケンカした」は
We had a fight over money.

「ケンカしたくない」は
I don't wanna have a fight.

make up (with 人)

仲直りをする

複数の主語の場合はそのまま使いますが、単数の主語の場合は「with 人」を付けます。

「私たちは仲直りをした」は
We made up.

「彼と仲直りをした」は
I made up with him.

go through a rough patch

倦怠期だ

少し長いですがこれも決まった動詞です。このまま覚えて下さい。「go through」は「通る」という意味もありますが、「嫌な思いをする」という意味でもよく使われます。

「私たちは今倦怠期」は
We're going through a rough patch.

「倦怠期は誰にでもある」は
Everyone goes through a rough patch.

cheat (on 人)

浮気する

「cheat」の元々の意味は「ズルをする」だけど、「カンニングする」とか「浮気する」という意味でも使われます。「have an affair」という決まり文句は、結婚している人が「不倫する」という意味なので、結婚していない場合は言いません。「on」の後の人は浮気相手じゃなくて、裏切られている彼氏か彼女です。

「彼に浮気された」は
He cheated on me.

「浮気はダメよ」は
No cheating.

break up (with 人)

別れる

複数の主語の場合はそのまま使いますが、単数の主語では「with 人」を使います。「恋人と別れる」という意味なので「友達と駅で別れた」という時は使いません。

「別れた」は
We broke up.

「別れたくない」は
I don't wanna break up.

dump 人

(恋人を)振る

元々は「捨てる」という意味だけど、恋愛でもよく使います。今は「捨てる」という意味より「恋人を振る」という意味で使うことの方が多いです。

「彼に振られた」は
He dumped me.

「彼を振るつもり」は
I'm gonna dump him.

get back together

よりを戻す

これも単語が3つありますが、1つの動詞として覚えましょう。日本語の「よりを戻す」もそうですね。元々「get together」を「2人がくっつく」という意味で使います。「back」を入れると「もう一回付き合う」という意味になります。

「彼女がよりを戻したがってる」は
She wants to get back together.

「よりが戻った」は
We got back together.

get married
結婚する

marry 人
〜と結婚する

「marry」という動詞を知っている人は多いと思いますが、「marry」を使う時は、必ず誰と結婚するのかを言う必要があります。つまり、「marry＋人」という形で使います。相手のことを言及しない場合には「get married」の形を使いましょう。この2つの使い分けを間違えると、とても変な英語になります。

例えば「来週結婚します」を
I will marry next week.

と言うと、「来週と結婚する」という変な意味になってしまいます。

この表現が正解です
I'm getting married next week.

「いつ結婚するの？」は
When are you getting married?

「彼と結婚したい」は
I wanna marry him.

be married

結婚している

「結婚する」という動詞は「get married」ですが、「結婚している」状態を表すときには「be married」と言います。

「結婚してるの?」は
Are you married?

「結婚してるのってどんな感じ?」は
What's it like being married?

have a baby

子供を生む

辞書で引いてみるとおそらく「give birth to」とか「bear」という英語が出て来ますが、使いません。ネイティブはこの「have a baby」という言い方をします。「have a baby」は「子供がいる」という意味だとよく誤解されますが、「子供がいる」は「have a child」と言います。

「子供を生むのを想像できない」は
I can't imagine having a baby.

「まだ子供を生みたくない」は
I don't wanna have a baby yet.

get divorced
離婚する

get a divorce
離婚する

divorce 人
～と離婚する

「離婚する」という言い方はこれだけあります。「divorce」という単語だけ覚えるのではなくて、その使い方も覚えることが大事です。「divorce」という単語だけを使う場合には、必ず「人」が必要です。相手を言わない場合は、上の2つの言い方をします。

「彼と離婚したい」は
I wanna divorce him.

「離婚した」は
I got a divorce.

または
I got divorced.

仕事で使えるフレーズ

look for a job

仕事を探す

「job-hunting」という英語をよく聞きますが、ほとんどの場合そうは言いません。「looking for a job」を使います。

「就職活動してます」は
I'm looking for a job.

「仕事探せば?」は
Why don't you look for a job?

get a job

就職が決まる

「就職が決まった」というのを「My employment was decided」という日本語英語をよく耳にしますが、絶対言いませんので注意しましょう。「仕事を手にする」、「就職が決まる」と言いたい時には「get a job」と言います。

「就職が決まった」は
I got a job.

「仕事がなかなか見つからない」は
I'm having trouble getting a job.

quit (my) job

仕事を辞める

仕事を得る時は「a」だけど、辞める時は「my、your、his、her」などを必ず使います。ちなみに「quit」は過去形も過去分詞も「quit」です。「quited」と言わないように注意しましょう。

「会社を辞めたい」は
I wanna quit my job.

「彼が会社を辞めた」は
He quit his job.

change jobs

転職する

今の仕事と次の仕事、2つの仕事が関係しているので、必ず複数で言いましょう。「change my job」は間違いです。

「転職した」は
I changed jobs.

「転職すればいいじゃん」は
Why don't you change jobs?

Part2 ● スーパー便利フレーズ〔仕事編〕

get a raise

昇給する

これは嬉しい決まり文句ですね。「給料が上がる」は必ずこの言い方です。

「給料を上げてもらった」は
I got a raise.

「来年から給料が上がるんだ」は
I'm getting a raise next year.

get a promotion

昇進する

これも嬉しい決まり文句ですね。「get promoted」とも言います。

「昇進した」は
I got a promotion.

「昇進するといいなぁ」は
I hope I get promoted.

transfer
転勤する

get transferred
転勤になる

　英語では転勤するのも、部署を移動するのも、同じ言い方です。自分の希望で転勤か部署を移動する場合は「transfer」という動詞を使います。自分の希望ではなくて、上の人たちが決めた場合は受け身の言い方「get transferred」という決まり文句を使います。

「(自分の希望で) 営業部に移った」は
I transferred to sales.

「大阪に転勤になった」は
I got transferred to Osaka.

get fired
首になる

　「人を首にする」は「fire~」と言います。「get fired」はその受け身の言い方で「首にされる」とか「首になる」という意味です。

「首になりたくない」は
I don't wanna get fired.

「彼女は首になった」は
She got fired.

get laid off
リストラされる

　基本的には「首になる」と同じ意味ですが、ちょっとニュアンスが異なります。

「10人がリストラされた」は
10 people got laid off.

「リストラされないようにしてね」は
Make sure you don't get laid off.

work overtime
残業する

do overtime
残業する

よく聞く間違い英語は「overwork」ですが、それは「過労」という全然違う意味になります。何時間残業したかを言う場合は「work」もしくは「do」と「overtime」の間に、例えば「2 hours」などを入れます。最後にはつけません。

「毎日残業だ」は
I work overtime everyday.

「昨日2時間残業した」は
I did 2 hours overtime last night.

run (my) own business

自営業だ

「my」は「your、his、her」などに変えられますが、この言い方も決まっています。「run」は「走る」という意味以外にも「経営する」という意味もあります。

「彼は自営業だ」は
He runs his own business.

「自営業をしていてどう？」は
What's it like running your own business?

open a shop

お店を開く

どういうお店かを言う場合は「shop」の代わりに、「restaurant」、「bar」、「clothes shop」などを使います。

「バーを開きたい」は
I wanna open a bar.

「レストランを開けばいいじゃん」は
Why don't you open a restaurant?

open a new branch
新しい店舗を開く

会社や銀行などが新しい店舗を出すときはこう言います。洋服屋やレストランなどは「branch」の代わりに「shop」、「restaurant」などと言います。

「うちの会社は仙台に新しい店舗を出した」は
We opened a new branch in Sendai.

「大阪校が開くといいね」は
I hope they open a new school in Osaka.

get paid
給料をもらう

「pay」は「支払う」という意味です。「get paid」はその受身の言い方、「支払われる」という意味になりますが、「給料をもらう」という意味でそのまま覚えた方が簡単です。

「来週給料日だ」は
I'm getting paid next week.

「給料日はいつなの？」は
When do you get paid?

make the deadline
締め切りに間に合う

「間に合う」という意味で、よく「make it」という英語を使います。この場合は「it」の代わりに、「deadline（締め切り）」を置き換えています。決まり文句として覚えておきましょう。

「締め切りに間に合いそう？」は
Are you gonna make the deadline?

「必ず締め切りに間に合わせろ」は
Make sure you make the deadline.

fill the quota
ノルマを達成する

「ノルマ」は「quota」と言います。「fill」は元々「埋める」という意味ですが、こういう使い方もあります。

「ノルマを達成できなかった」は
I didn't fill the quota.

「ノルマを達成するのに苦労している」は
I'm having trouble fill**ing** the quota.

call in sick
病欠の電話をする

実際に風邪を引いていて仕事ができる状態でないときもこの言い方ですが、「仮病を使う」という意味にもなります。嘘でも真実でも、とにかく「病気という理由で休む」という意味です。

「彼は今日病気で休んでいます」は
He called in sick today.

「仮病使えば？」は
Why don't you call in sick?

遊びで使えるフレーズ

see a movie
映画を見る

　この3つの単語を、1つの動詞として覚えて下さい。このまま使います。「watch」を使ってもいいですが、一般的には「see」を使います。

「映画見ない？」は
Do you wanna see a movie?

「昨日映画を見た」は
I saw a movie yesterday.

watch TV
テレビを見る

　この言い回しも、読んで分かるだけではなくて、自分が話すときもこのまま使うのが大切です。「see TV」とは言いませんから注意してください。また、冠詞「a」「the」もつきません。

「あなたはいつもテレビを見てる」は
You always watch TV.

「テレビを見たくない」は
I don't wanna watch TV.

get a video

ビデオを借りる

お金を出してものを借りる時は普通は「rent」と言いますが、ビデオを借りる時は「get a video」と言います。この言い回しもこのまま1つの動詞として覚えて下さい。

「ビデオ借りない？」は
Do you wanna get a video?

「昨日ビデオを借りた」は
I got a video last night.

go to karaoke

カラオケに行く

「to」を忘れないように注意しましょう。また、冠詞の「a」、「the」はつきません。

「昨日カラオケに行った」は
I went to karaoke last night.

「カラオケに行くのは止めようよ」は
Let's not go to karaoke.

Part2 ● スーパー便利フレーズ【遊び編】

go drinking
飲みに行く

この言い回しはよく使います。本当に「飲むために行く」という感じです。「to」をつけると「drinking」という名前の場所に行くという意味になってしまいますので気をつけましょう。

「明日飲みに行くんだ」は
I'm going drinking tomorrow.

「最近飲みに行ってない」は
I haven't been going drinking.

get a drink
一杯飲みに行く

「a drink」なので「一杯」という意味になります。例えば仕事の後に「一杯……」という時はこの言い方をします。

「会社の後一杯ひっかけに行かない?」は
Do you wanna get a drink after work?

have dinner

食事をする

　これも、このまま使って下さい。「have a dinner」と言うと「食事会を開く」という意味になるので気をつけましょう。「my dinner」と言うと、持ってきたお弁当というニュアンスになります。

「今日Daveとご飯食べに行くんだ」は
I'm hav**ing** dinner with Dave tonight.

「ご飯食べに行こうよ」は
Let's have dinner.

「lunch」や「breakfast」も同じ使い方です。「a」も「the」も「my」も付けません。

「今日朝食を食べなかった」は
I didn't have breakfast this morning.

「お昼食べようか？」は
Do you wanna have lunch?

go shopping
買い物に行く

「買い物に行く」とか「買い物をする」はこれしか言いません。「to」は絶対につかないので気をつけましょう。「to」をつけると、「shopping」という名前の場所に行くことになります。

「毎週土曜日はお買い物」は
I <u>go shopping</u> every Saturday.

「いつもどこで買い物してるの？」は
Where **do you** <u>go shopping</u>?

go to the park
公園に行く

普通は「the」という単語は「特定なもの」を示す言葉ですが、この場合は特定な公園ではないのに、必ず「the」がつきます。英語では、こういう例外がとても多いので、そのまま覚えておきましょう。

「公園行こうよ」は
Let's <u>go to the park</u>.

「日曜日公園に行った」は
I <u>went to the park</u> on Sunday.

go to the pool

プールに行く

　プールも、特定なプールではない場合でも、必ず「the」を使います。このまま1つの動詞として覚えるのが一番簡単です。

「今年はプールにたくさん行くつもり」は
I'm gonna go to the pool a lot this summer.

「明日みんなでプールに行く」は
We're going to the pool tomorrow.

go to the beach

海に行く

「海に行く」と言う時も「the」です。「a」は絶対言いません。そして、「sea」や「ocean」などを使うと、船で出航する意味になってしまいます。海岸までしか行かないので「beach」と言います。

「いつ海に行こうか」は
When **do you wanna** go to the beach?

「彼が海に行くのなんて想像できない」は
I can't imagine him go**ing** to the beach.

go clubbing
クラブに行く

　これはキャバクラではなく踊るクラブのことです。これも「to」を付けずに、このまま言います。「club」は元々名詞なのに、動詞として使う不思議な決まり文句です。

「最近よくクラブに行ってる」は
I've been go**ing** clubbing.

「クラブで遊ぶのはどんな感じ？」は
What's it like go**ing** clubbing?

go for a drive
ドライブに行く

「drive」という単語だけだと「運転する」とか「車で行く」という意味です。日本語で言う「ドライブする」は「go for a drive」と言います。「go driving」という言い方でもOKです。

「ドライブしようよ」は
Let's go for a drive.

「ドライブした」は
We went for a drive.

go for a walk

散歩する

「walk」という単語だけだと「歩く」とか「歩いて行く」という意味です。「散歩する」は「go for a walk」と言います。他の言い方としては「take a walk」とか「take a stroll」というのもあります。

「今日散歩した」は
I went for a walk today.

「散歩しようよ」は
Let's go for a walk.

Part2 ● スーパー便利フレーズ【遊び編】

家の中で使えるフレーズ

wake up
目が覚める

get up
起きる

この2つはどっちでもいいときもありますが、大体使い分けます。「wake up」は「目が覚める」という意味で、「get up」は「ベッドから起き上がる」という意味です。例えば「起きて」という場合は使い分けます。もし授業中に眠っている人がいれば、目覚めてほしいけれど起き上がってほしくはないので、「Wake up.」と言います。もし子供が寝坊していて学校に遅れそうな場合は、目を覚ますだけではなくて起き上がってほしいので、「Get up.」と言います。

「明日7時に起きなきゃいけない」は
I have to get up at 7 tomorrow.

「今日7時に目が覚めた」は
I woke up at 7 today.

wake 人 up
〜を起こす

get 人 up
〜を起こす

　この2つも同じように使い分けます。例えば授業中に寝ている人がいれば、目覚めてほしいけど起き上がってほしくないので、「彼を起こしなさい」は「Wake him up.」と言います。しかし朝に家の中で「弟を起こしなさい」と言いたい時は、起き上がってほしいので「Get him up.」と言います。

「明日7時に起こしてくれる？」は
Can you get me up at 7 tomorrow?

「彼を起こさないで」は
Don't wake him up.

have a shower (bath)

シャワーを浴びる（お風呂に入る）

「have a shower」と「take a shower」はまったく同じ意味で、どちらもよく使います。好きな方を使って下さい。「お風呂に入る」も同じです。

「シャワーを浴びないの？」は
Aren't you gonna take a shower?

「毎晩お風呂に入る」は
I have a bath every night.

get dressed
服を着る

get changed
着替える

　この２つは必ず使い分けて下さい。裸の人かパジャマを着ている人が服に着替える場合は「get dressed」を使います。普通に服を着ている人が別の服に着替える場合は「get changed」を使います。どちらも決まり文句なので、このまま使いましょう。

「服を着なさい」は
Get dressed.

「ちょっと着替えてくる」は
I'm gonna get changed.

have breakfast

朝を食べる

「breakfast」を「lunch」や「dinner」に変えれば「お昼を食べる」、「晩ご飯を食べる」という意味になります。「breakfast、lunch、dinner」に「a」を付けると、「朝食会（昼食会、食事会）を開く」という意味になるので注意しましょう。

「今日は朝食を食べない」は
I'm not gonna have breakfast today.

「一緒に夕食を食べない？」は
Do you wanna have dinner?

get ready

準備をする

これも大事です。準備ができている状態は「be ready」と言いますが、「準備をする」とか「用意する」という動作は「get ready」と言います。「〜の用意をする」は「for 〜」をつけます。

「準備しなさい」は
Get ready.

「学校の用意をしないの？」は
Aren't you gonna get ready for school?

clean the house

家の掃除をする

漠然とした言い方ですが、よく使います。一軒家ではなくても、マンションの場合も「house」を使っていいし、「apartment」という単語に置き換えてもOK。「apartment」はマンションの中の一部屋のことです。

「家の掃除をしたくない」は
I don't wanna clean the house.

「毎日部屋の掃除している」は
I clean the apartment everyday.

do the laundry

洗濯する

この言い方も決まり文句です。このまま覚えて、このまま使いましょう。

「今洗濯してる」は
I'm doing the laundry.

「昨日洗濯した」は
I did the laundry yesterday.

Part2●スーパー便利フレーズ【家の中編】

hang out the laundry
洗濯物を干す

「洗濯物を必ず干してね」は
Make sure you hang out the laundry.

「洗濯物干してないじゃん」は
You didn't hang out the laundry.

get the laundry in
洗濯物を取り込む

「洗濯物を取り込んでくれる?」は
Can you get the laundry in?

「洗濯物を入れないと」は
I have to get the laundry in.

fold the laundry

洗濯物を畳む

「洗濯物をたたんでくれる？」は
Can you fold the laundry?

「俺がたたもうか？」は
Do you want me to fold the laundry?

water the plants

植木に水をやる

庭だったら「plants」の代わりに「garden」、花だったら「flowers」を入れることも出来ます。「水をやる」は元々名詞である「water」を、動詞として使います。

「植木に水をやった？」は
Did you water the plants?

「必ず庭にお水をやってね」は
Make sure you water the garden.

make dinner
ご飯を作る

「dinner」の代わりに「breakfast、lunch」も使えます。「a、the、my」などの単語は使いません。「cook」という単語を「make」の代わりに使うこともできます。

「今日はご飯を作りたくない」は
I don't wanna make dinner tonight.

「週何回ぐらいご飯を作るの？」は
How often **do you** make dinner?

do the dishes
皿洗いをする

これも決まり文句なので、このまま覚えて、このまま使って下さい。

「皿洗ってくれる？」は
Can you do the dishes?

「皿洗いしないの？」は
Aren't you gonna do the dishes?

brush (my) teeth

歯を磨く

「my」は「your、his、her」などに変わったりします。必ず複数形の「teeth」を使いましょう。単数形の「tooth」と言うと、歯が一本しかないように聞こえますから注意しましょう。

「歯を磨きなさい」は
Brush your teeth.

「私は一日3回歯を磨いてるよ」は
I brush my teeth 3 times a day.

go to bed

寝る

「寝るはsleepだ」と思っている人は多いかと思いますが、そんなに簡単ではありません。直訳すれば「ベッドに行く」になりますが、「寝なさい」、「もう寝るよ」、「昨日10時に寝た」などの文章では必ず「go to bed」を使いましょう。

「もう寝る」は
I'm gonna go to bed.

「昨日は2時に寝た」は
I went to bed at 2 last night.

go to sleep
寝る

「寝る」は「go to bed」と言います。直訳は「ベッドに行く」なので、もうベッドに入っている時は使えません。ベッドに入っている時だけ、この「go to sleep」を使います。例えばベッドに入ってテレビを見ている時などです。使い方は「go to bed」とまったく同じです。すでにベッドに入っていれば「bed」を「sleep」に変えるだけです。

get to sleep
眠れる／寝付ける

これも1つの動詞として覚えましょう。よく使います。特に、眠れなかった時によく使う決まり文句です。

「昨日は眠れなかった」は
I didn't get to sleep last night.

「最近眠れない」は
I haven't been getting to sleep.

病気のときに使えるフレーズ

see a doctor

病院に行く

英語では「hospital」という単語は、大きい総合病院を表します。近所にあるような小さい病院は「clinic」と言うけれど、日常会話では「clinic」もほとんど使いません。「病院に行く」とか「医者に見てもらう」という時は、この「see a doctor」という言い方を使います。

「病院に行った方がいいよ」は
You should see a doctor.

「医者に診てもらえば？」は
Why don't you see a doctor?

get a check-up

健康診断を受ける

これが一番普通の言い方です。「have a check-up」とも言います。「check my health」と言うと、自分で診断する」という意味になってしまいます。

「今日健康診断を受けた」は
I got a check-up today.

「年に何回健康診断を受けるの？」は
How often **do you** get a check-up?

Part2 ● スーパー便利フレーズ【病気編】

take medicine
薬を飲む

日本語では「薬を飲む」と言うけど、英語では「drink medicine」とは言いません。必ず「take」を使います。

「今薬を飲んでいます」は
I'm tak**ing** medicine.

「薬は飲んだの？」は
Did you take medicine?

go to hospital
入院する

「入院する」は「go to hospital」と言うので、普通に「病院に行く」と言う時は使わない方がいいです。「the hospital」と言ってもOKです。

「入院することになった」は
I had to go to hospital.

「入院したの？」は
Did you go to hopital?

go to the dentist

歯医者に行く

歯医者の場合は必ず「the」をつけます。

「歯医者に行きたくない」は
I don't wanna go to the dentist.

「歯医者に行かなきゃいけない」は
I have to go to the dentist.

be in hospital

入院している

「入院する」は「go to hospital」ですが、「入院している状態は「be in hospital」です。「the hospital」と言ってもOKです。

「彼は今入院している」は
He's in hospital.

「どれ位入院してた？」は
How long were you in hospital?

visit 人 in hospital
お見舞いに行く

「visit」の代わりに「see」も使えます。

「彼のお見舞いに行こうよ」は
Let's visit him in hospital.

「彼女のお見舞いに行った」は
I visited her in hospital.

have an operation
手術を受ける

絶対この通り言います。「do」を使ったりしたら、自分が手術を行ったという意味になってしまいます。

「先週手術した」は
I had an operation last week.

「来週手術をする」は
I'm hav**ing** an operation next week.

どの部位の手術をしたのかを言う場合は「on my ～」を付けます。

「肘の手術をした」は
I had an operation on my elbow.

どういう手術かを言う場合は「operation」の代わりに、その手術の名前を使うこともできます。

「盲腸を取った」は
I had an appendectomy.

get out of hospital
退院する

これもこのまま覚えましょう。「leave the hospital」という言い方もたまにしますが、ほとんどの場合はこの「get out of hospital」を使います。「the hospital」と言ってもOKです。

「いつ退院したの？」は
When did you get out of hospital?

「彼はいつ退院するの？」は
When is he gonna get out of hospital?

その他の場面で使えるフレーズ

go to work
仕事に行く

「work」は「仕事場」という意味で、会社でも、工場でも、アルバイトでも、どんな仕事でもこの言い方をします。「company」や「part time job」は使いませんので注意しましょう。「company」という単語は「組織」という意味なので「go to my company」とは言えません。

「今日会社に行った」は
I went to work today.

「明日バイトに行かなきゃいけない」は
I have to go to work tomorrow.

go to school
学校に行く

これは知っている人も多いと思いますが、大事なのは、このまま使うことです。例えば「a」や「my」は絶対につけません。小学校、中学校、高校も、そして大学も「school」と言います。

「明日学校だ」は
I'm going to school tomorrow.

「学校に行きたくない」は
I don't wanna go to school.

「~に通う」は「go to ~」と言います。

「東大生です」は
I <u>go to</u> Todai.

「Coperに通っています」は
I <u>go to</u> Coper.

「I am a student of ~」とは言いません。

go out

出かける

これを使うと、たいてい「夜に出かける」という意味になります。「遊びに行く」という日本語もこの「go out」でOKです。

「今日の夜遊ばない?」は
Do you wanna <u>go out</u> tonight?

「昨日の夜遊んでた?」は
Did you <u>go out</u> last night?

get a haircut

髪を切る

　この言い方も大事です。他の教科書を見ると「have my hair cut」という言い方しか教えていませんが、ほとんどのネイティブはこの「get a haircut」という言い方をします。しかも、主語によって「my」、「his」、「her」などを使い分ける必要がないので簡単ですね。

「明日髪を切るんだ」は
I'm getting a haircut tomorrow.

「髪切った？」は
Did you get a haircut?

go to the gym

スポーツクラブに行く

　英語ではフィットネスクラブやスポーツクラブを「gym」としか言いません。このように決まった動詞として「go to the gym」もそのまま覚えるというのが大切です。特定のスポーツクラブではなくても、「特定なもの」という意味を持つ「the」を必ず使います。「go to the gym」としか言いません。

「毎週の土曜日はフィットネスクラブに行く」は
I go to the gym every Saturday.

「フィットネスクラブに通いはじめた」は
I started going to the gym.

go to the bank
銀行に行く

　これもこの言い方しかありません。このまま覚えてこのまま使いましょう。特定の銀行でなかったり、初めて行く銀行でも、必ず「the」を使います。

「銀行に寄って行きたい」は
I wanna go to the bank.

「銀行に寄って行ってもいい?」は
Can we go to the bank?

get money out
お金をおろす

「withdraw」という単語もありますが、会話では使いません。「お金をおろす」という日本語に相当するのはこの「get money out」です。

「お金をおろさなきゃいけない」は
I have to get money out.

「絶対お金をおろしてね」は
Make sure you get money out.

miss the train
電車に乗り遅れる

「miss」には色々な意味がありますが、その中の1つの意味は「〜し損ねる」です。「the train」をつけると、「電車に乗り損ねる」という意味になります。「the last train」をつけると「終電に乗り遅れる」という意味になります。

「電車に乗り遅れた」は
I missed the train.

「終電に乗り遅れないといいなぁ」は
I hope I don't miss the last train.

miss (my) stop
乗り過ごす

同じ「miss」を使って「(my) stop」を付けると「降りる駅で降り損ねる」という意味になります。「station」と言うこともできますが、大体は「stop」と言います。しかも「stop」を使えば、駅でもバス停でもOKです。「my」は「your」、「his」、「her」にも置き換えられます。

「乗り過ごしちゃった」は
I missed my stop.

「降り忘れないようにしてね」は
Make sure you don't miss your stop.

pick 人 up

迎えに行く

「pick up」は、「拾う」、「ナンパする」、「元気にする」、「上昇する」など、様々な意味で使われますが、一番よくある使い方は「迎えに行く」です。

「迎えに来てくれる？」は
Can you pick me up?

「娘を迎えに行かなきゃいけない」は
I have to pick my daughter up.

drop 人 off

降ろす

車で送ってもらっている時、タクシーに乗る時などは、必ずこの言い方をします。「get me off」と言ってしまうと、とんでもなくいやらしい意味になるので、気をつけましょう。

「駅で降ろしてください」は
Can you drop me off at the station?

「どこで降ろせばいい？」は
Where **do you want me to** drop you off?

be late

遅刻する

「late」だけだと「遅い」という形容詞です。「遅刻する」、「遅れる」という動詞は「be late」と言います。be動詞は、主語によって「is」、「are」、「am」に変わるので、ちょっと面倒くさいですが、頑張って覚えましょう。

「遅刻しないでね」は
Don't be late.

「遅れてすみません」は
I'm sorry I'm late.

make it in time

間に合う

「make it」だけでも、「行ける」、「来られる」、「間に合う」という意味になります。「間に合う」という意味で使う場合は「in time」をつけた方が意味がはっきりします。「in time」の代わりに「on time」(時間どおりに)でもOKです。

「間に合うといいね」は
I hope we make it in time.

「間に合わないなぁ」は
We're not gonna make it on time.

lose weight

痩せる

　よく聞く間違いは「lose my weight」ですが、「my」などを付けると「体重を全部失くしてしまう」という変な意味になるので絶対につけません。「3キロ痩せる」と言いたい場合は「weight」の代わりに「3 kilos」を置き換えます。「lose weight by 3 kilos」とは言いません。

「痩せたい」は
I wanna lose weight.

「3キロ痩せた」は
I lost 3 kilos.

gain weight

太る

「gain weight」は「lose weight」と同じ使い方です。「my」は絶対に入らないし、「weight」の代わりに「何キロ」を置き換えます。「gain weight」の他に「put on weight」という言い方もあります。ちなみに「get fat」と言うと「デブる」という言い方になるので気をつけましょう。

「太りたくない」は
I don't wanna gain weight.

「5キロ太った」は
I put on 5 kilos.

save money

お金を貯める・節約する

「お金を貯める」という意味でも、「節約する」という意味でも、同じ「save money」でOKです。

「なかなかお金が貯まらない」は
I just can't seem to save money.

「今節約中」は
I'm sav**ing** money.

make it up to 人

埋め合わせをする

この言い方も単語が4つありますが、1つの動詞として覚えましょう。この表現はよく使います。

「どう埋め合わせしたらいい？」は
How **can I** make it up to you?

「どう埋め合わせしてくれるの？」は
How **are you gonna** make it up to me?

find out

～を知る・バレる

「find」は「物を見つける」という意味で、「find out」は「情報を知る」という意味です。必ず使い分けます。元々は「～を知る」という意味ですが、「バレる」という日本語も同じ「find out」になります。「find out」の後に何もつけなくていい場合も多いですが、文章をつけ加えて応用することもできます。

「彼が結婚していることが分かった」は
I found out he's married.

「誰にもバレないよ」は
Nobody's gonna find out.

kill time

時間を潰す

ぱっと見ると「殺す時間」というちょっと怖い意味に見えますが違います。暇な時間、何もすることない時に「暇つぶしをする」という意味です。応用として、「time」を「2 hours」などにしたり、最後に「動詞のing」をつけたりもできます。

「どうやって時間を潰そうか？」は
How do you wanna kill time?

「パチンコで2時間潰した」は
I killed 2 hours playing pachinko.

say yes

OKを出す

　チャゲアスの曲でおなじみの「say yes」ですが、実は大事な英語です。読めば分かる人は多いかと思いますが、これを使うということが大事です。告白してOKをもらったときでも、上司が許可を出してくれたときも、他の言い方を作らずに「say yes」を使いましょう。

「上司がOKしてくれるといいんだけど」は
I hope my boss says yes.

「(告白したら) OKだった！」は
He said yes!

say no

断る

「refuse」、「reject」などの堅い単語を使うと不自然になるので、この表現を使いましょう。「turn 人 down」という言い方よりもよく使われています。ビジネスでも、恋愛でも、どんな時でも、これが一番自然な言い方です。

「(私は彼に) 多分断られる」は
He's gonna say no.

「上司がダメだって」は
My boss said no.

say hello

挨拶する

　これも簡単過ぎて、「本当に決まり文句なの？」と思われるかもしれませんが、挨拶のことは決まってこう言います。「greet」という動詞は使いませんので注意しましょう。「〜によろしく言っておいて」といいたい時にもこの表現が使えます。別れの挨拶は「say goodbye」と言います。

「ちょっと顔を出しに来ただけです」は
I just came to say hello.

「彼は挨拶してくれなかった」は
He didn't say hello to me.

say thank you

お礼を言う

「お礼を言う」という意味で「thank」を動詞で使う場合もありますが、「say thank you」の方が自然な英語です。

「お礼を言った方がいいよ」は
You should say thank you.

「お礼を言わないの？」は
Aren't you gonna say thank you?

say sorry

謝る

「謝る」という英語も「say」を使います。「apologize」もよく使われますので、どちらか好きな方を選びましょう。

「謝らなきゃだめだよ」は
You have to say sorry.

「謝ればよかった」は
I should've said sorry.

go ～ingのフレーズ

go ～ing
～しに行く

　この形を使う動詞はたくさんあります。しかしどんな動詞でもこの形に出来るわけではなく、この形を使う動詞は限られています。

　どういう動詞がこの形になるかというと、「アウトドア」関連のものや「1人でもできる、勝負ではないスポーツ」です。つまり、サッカーや野球のように勝敗があるものや、点数が関係するスポーツではこの形は使いません。1人でもできるスキー、サーフィン、スキューバダイビングなどは「go～ing」という形で言います。

スキーをする　は	→ go skiing
スノーボードする　は	→ go snowboarding
サーフィンする　は	→ go surfing
スケートをする　は	→ go ice-skating
ローラーブレードする　は	→ go roller-blading
スケートボードをする　は	→ go skateboarding
水泳する　は	→ go swimming
ジョギングする　は	→ go jogging
ダイビングをする　は	→ go scuba-diving
水上スキーをする　は	→ go water-skiing

パラセーリングする は	➡ go para-sailing
スカイダイビングする は	➡ go sky-diving
魚釣りをする は	➡ go fishing
キャンプに行く は	➡ go camping
ハイキングする は	➡ go hiking
サイクリングする は	➡ go cycling

●例外

スポーツでもアウトドアでもないのに「go〜ing」を使う例外もあります。そんなに多くはありませんが、よく使うので覚えてしまいましょう。

飲みに行く　は	→ go drinking
買い物に行く　は	→ go shopping
クラブに行く　は	→ go clubbing
旅行する　は	→ go traveling
観光する　は	→ go sightseeing
ボーリングする　は	→ go bowling

> **ポイント**　この「go〜ing」の形は絶対に「to」はつかないので、気をつけましょう。例えば「go to skiing」言ってしまうと、「skiing」という名前の場所に行くという意味になってしまいます。

「先週スキーに行った」は
I went skiing last week.

「来週スキーに行くんだ」は
I'm going skiing next week.

決まっている未来のことだから進行形。ingが2つ続いていても、おかしくありません。普通の言い回しです。

「毎週土曜日はサーフィンをやる」は
I go surfing every Saturday.

いつもの習慣だから現在形です。

「明日スケートボードしようよ」は
Let's go skateboarding tomorrow.

「最近よく泳いでる」は
I've been going swimming.

「スキューバダイビングってどんな感じ?」は
What's it like going scuba-diving?

「スカイダイビングをするのって想像つかない」は
I can't imagine going sky-diving.

「キャンプに行こうよ」は
Let's go camping.

「今日飲みに行くんだ」は
I'm going drinking tonight.

「土曜日買い物に行かない？」は
Do you wanna go shopping on Saturday?

「パリで観光した」は
I went sightseeing in Paris.

ポイント　「go〜ing」という形になるのは動詞だけです。つまり「go〜ing」を使わなくても、「ski」、「snowboard」、「sky-dive」、「jog」という動詞が元々あるということです。

でも、上の例文は必ず「go〜ing」の形で使います。

I skied yesterday.

I sightsaw in Paris.

といった文章は間違いですから注意しましょう。

「go〜ing」という形にせずに、「ski」や「surf」などをそのまま使えるのは

Can you _____ ? （出来る？）

と

Do you _____ ? （やったりする？）

という時だけです。

スキー出来る？	は	→ **Can you** ski?
サーフィン出来る？	は	→ **Can you** surf?
ボーリングやったりする？	は	→ **Do you** bowl?
スキュバダイビングをする？	は	→ **Do you** scuba-dive?

go の代わりに take me を使う

「go〜ing」は「〜しに行く」という意味ですが「take me〜ing」は「〜に連れて行って」という意味になります。「go〜ing」の時と同じように「take me」の場合も「to」をつけません。

私をスキーに連れて行っては	➡ **Take me skiing.**
キャンプに連れて行っては	➡ **Take me camping.**
飲みに連れて行って　は	➡ **Take me drinking.**
クラブに連れて行って　は	➡ **Take me clubbing.**

[著者]

ニック・ウィリアムソン(Nic Williamson)

オーストラリアのシドニー出身。外国人に英語を教える英語学校をシドニーに設立した父と、第一外国語としての英語の教え方を専門とする言語学者である母を持つ英語教育のサラブレッド。

中学から日本語を学び始め、高校2年生の時に修学旅行で2週間来日した経験から外国語を学ぶ大変さを知る。その後、日本語習得のコツを完璧につかんだことから語学教育に興味を抱き、シドニー大学で心理学を専攻し言葉を覚えるメカニズムなどを学ぶ。また、3年間日本文学も勉強し、日本の文化にも詳しい。在学中にオーストラリアの日本大使館が主催する全豪日本語弁論大会で優勝。

日本の文部科学省の奨学金を得てシドニー大学卒業後、東京学芸大学に研究生として1年半在学。在学中にアルバイトとして英会話スクールで英語を教え始め、卒業後もその才能を買った学校側からの熱烈なラブコールと多くの生徒からの強い要望に応え、看板講師として6年間勤め上げる。その経験を通して日本人に英語を教えるコツを覚え、集大成としてまとめた初の著作が本書である。SKYPerfect TVの番組の司会やラジオのDJ、英会話の教科書の執筆など、活動の場は幅広い。

現在はいくつかの英会話スクールや大学、企業研修を掛け持ちし、独特の教え方と説明の分かりやすさで英語ファンの心をつかむカリスマ講師として活躍中。

◆Nicの英語サイト：www.englishlife.jp
この本で紹介している言い回しなどを使った様々なシチュエーションのほか、毎日1文ずつマスターする「one phrase」、外国語をマスターするコツなど、得する無料コンテンツがいっぱいです！

たった40パターンで英会話！

2005年9月1日　第1刷発行

著　者──ニック・ウィリアムソン
発行所──ダイヤモンド社
　　　　〒150-8409　東京都渋谷区神宮前6-12-17
　　　　http://www.diamond.co.jp/
　　　　電話／03・5778・7236（編集）　03・5778・7240（販売）
装丁────中井辰也
イラスト──坂木浩子
写真────村越将浩
本文レイアウト─タイプフェイス
製作進行──ダイヤモンド・グラフィック社
印刷・製本──ベクトル印刷
編集担当──古川弘子

©2005 Nic Williamson
ISBN 4-478-98080-2
落丁・乱丁本はお手数ですが小社マーケティング局宛にお送りください。送料小社負担にてお取替えいたします。但し、古書店で購入されたものについてはお取替えできません。
無断転載・複製を禁ず
Printed in Japan